U0045794

臺中歷史地圖散步

Academia Sinica Center for Digital Cultures

中央研究院數位文化中心

目錄

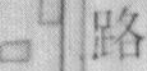

封面繪圖／YinYin

本書說明

現地導覽・隨時神遊

免費下載 臺中歷史地圖

現代地圖圖例

官署	博物館、美術館
學校	醫院
地標	公園綠地
機場	碼頭
宮廟	教堂

臺鐵車站

今昔對照專欄

今昔對照專欄，除了新舊照片可欣賞之外，還有地點編號、此地點舊日名稱、地點解說，每個地點編號都可根據章節所在的地圖頁碼，在地圖上尋找到對應的位置，看到新舊地點名稱的變化。

圖目錄

圖目錄B－10

每張老照片都標示圖目錄編號，使用圖目錄編號，可在本書第150頁查詢資料出處與典藏機關。

APP操作說明

古地圖選擇

使用古地圖選單，切換精選的十一張地圖。

語言選擇

提供正體中文版本。

關閉照片，詳閱地圖

點選關閉老照片圖層按鈕，只觀覽古地圖。

GPS現在位置

使用你手機中的GPS定位，將地圖標示至你的現在位置。

古今地圖透明對照

滑動古地圖透明度拉桿，可以自由調整透明度，與現今地圖對照。

古今照片透明對照

使用老照片透明度拉桿，可以自由調整透明度，與現今街景對照。

照片背後簡短說明

點選老照片，即可瀏覽這張老照片的簡短說明。

地點編號

本書設計在內文、今昔地圖與解說BOX中，都可利用同一個編號，對照出該地點在古今地圖中，位置與新舊地名的沿革變遷。

單元標題

每一頁的左方皆有頁碼與單元資訊，方便快速查找。

老地圖資訊

精選老地圖的出版年份與地圖名稱，可參照本書第6頁地圖目錄。

現代地圖

現代地圖依據2017年12月為止的街道與交通系統重新繪製而成。

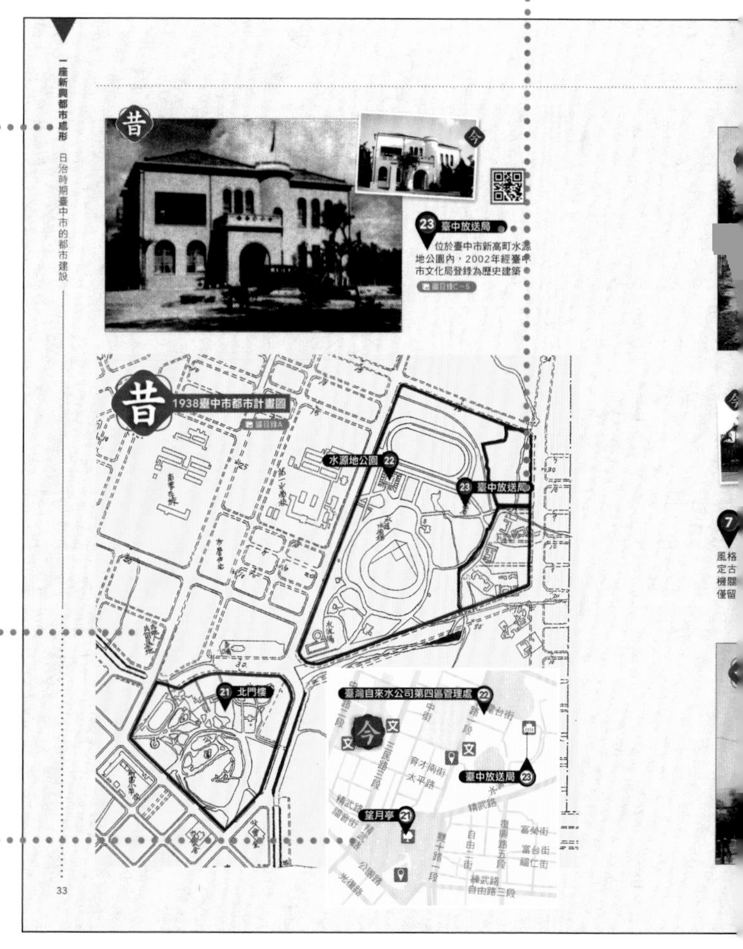

本書地圖介紹

城市成長的痕跡，從地圖看起。
從點到線到面，撫今追昔。
每一張臺中老地圖，都訴說著不同的故事。

特色精選 ▼

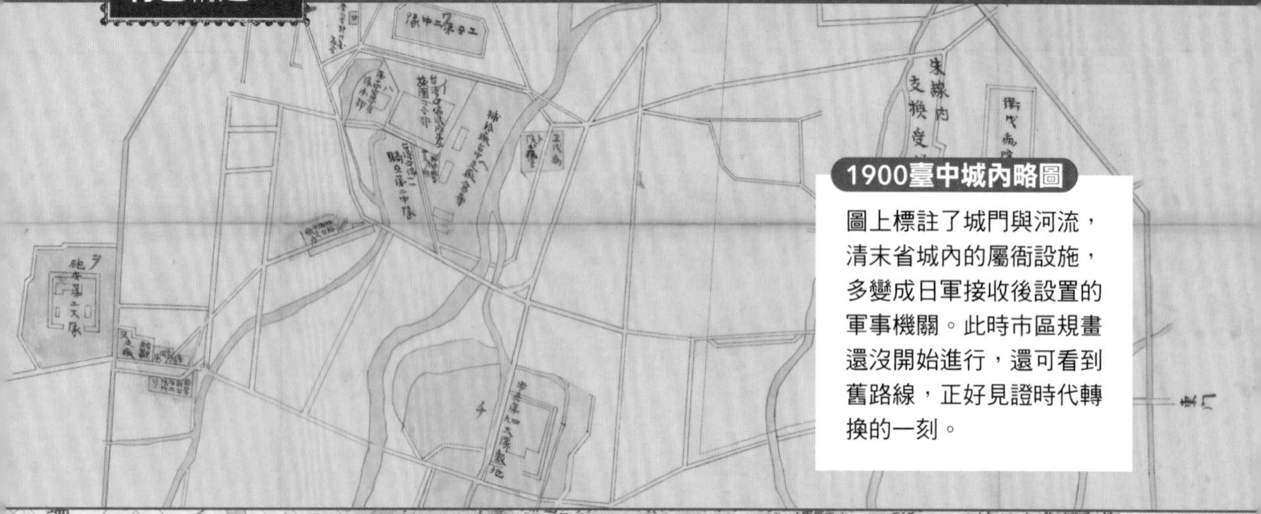

1900臺中城內略圖

圖上標註了城門與河流，清末省城內的屬衙設施，多變成日軍接收後設置的軍事機關。此時市區規畫還沒開始進行，還可看到舊路線，正好見證時代轉換的一刻。

1937臺中市地圖

此地圖是日治時期的臺中市地圖中，少數除繪有公家單位建築設施外，還記載了各式工商名號的位置，如菓子店、咖啡店、酒樓等。圖上除了町界外，還有當時的公車路線，頗為珍貴。

1970臺中市街觀光圖

因為是觀光用地圖，可看到此時臺中市區商業與服務業雲集，市區範圍中標註了許多七〇年代飯店、舞廳、戲院等娛樂地點，另外，此時的臺中監獄也還位於市區。

山海屯之輿 ▶

1939新高港築港計畫圖

疊加在臺中海線的地形圖上的新高築港計畫範圍。

1944美軍五萬分之一地形圖

美軍測繪全臺灣地形圖時，記錄下大肚山上尚未變成清泉崗機場的聚落。

1948臺中市舊航照影像

美軍所拍攝舊航照影像中的霧峰街區集中於山腳邊，其他地方大都是農田。

看更多！▼

1895臺中省城圖

大墩街與臺中省城地形範圍，臺中盆地還是一片空白。

1913臺中街實測圖

臺中是臺灣第一個都市計畫都市，從此圖可看出棋盤狀的市區街道已大致抵定。

1926臺中市區改正圖

1920年實施臺灣市制，成立臺中市。圖上出現市區改正新劃區域。各項公共設施也逐漸成立。

1938臺中市都市計畫地圖

在都市計畫中，逐漸往西邊、北邊、南邊擴張的道路規劃。

1960臺中市街道圖

此時臺中市西區除了美軍宿舍區之外，還是一片空地、尚未開始開發。

推薦序

愛上臺中的理由

文／黃震南

芭樂愛情電視劇常有的臺詞：「愛上一個人，需不需要理由？」

電視劇的答案永遠是「不需要」，不要相信電視，當然需要。你需要先認識，或者最起碼要知道有這個人吧。我總不會一覺醒來突然發覺「我愛上住在馬利共和國迪瓦拉省的小美了。」

「誰？」「我不知道。」

那麼，愛上一個城市，需不需要理由？

當然需要。可能是一道甜品，可能是一棟小樓，可能是一條長街，可能是一趟旅程，可能是一段青春。

我愛上臺中，是從我的學校臺中教育大學開始的。

這間學校，當時叫做臺中師院；問路的時候，還得講「師專」老一輩的才聽得懂。到臺中讀書彼時，剛好趕得上參加盛大的千禧年跨年。我們一大群小大一男生，以有手機的人擔任小隊長，跟著小隊長與有手機的女同學小隊長聯繫，男女十來人在市民廣場前的大廣三量販店集合，人地生疏瞎走走到SOGO百貨前等著會翻出玩偶花樣的大時鐘倒數跨年，最後再晃到兩個呆子開的店喝酒。我不會喝酒，所以看菜單指了長島冰茶，結果醉得還要別人幫我喝才把那杯給乾了。

啊，多好玩的青春，連迷路都是笑著的。

更別提一群男生傻傻地照著黏在機車上的便條紙小廣告打電話，六個人誤打誤撞被引導到一家河邊的理容院裡參觀了十分鐘。埋伏在十樓高的宿舍頂端，往飆車族丟擲水球，僅僅兩夜，解決了連續好幾週半夜飆車族的震耳噪音……

離開學校之後，我不禁想像：我的學長姐們，當年待在這裡的時候，也像我這麼快樂嗎？（是瘋癲吧。）

於是在蒐藏臺灣老文獻時，我會特別留意母校的蹤影。幾年累積下來，相片、徽章、單據、證書、明信片、學生手冊、通訊錄、畢業紀念冊……也蒐藏了一定數量。

同時，我在臺灣文學史中，也尋找到不少學長的蹤跡。在日治時代新文學運

今&昔

臺中師範學校舊校舍已列為文化資產保存，也是現在臺中教育大學的行政樓。

圖目錄M－1

動史，「臺中師範學校」這個校名，恐怕是出現最多次的學校了。

好比說，鹿港前輩詩人莊太岳居然是我的老老老學長。莊太岳在一八九七年十八歲，就讀設立在彰化文廟旁的師範學校，也就是中教大的前身。《太岳詩草補遺》便收錄他少年時的作品〈秋夜回校〉：「故園回首總銷魂，涼露微微夜色分。野鳥一聲山月落，兩三燈火認前村。」怎麼看這描述，轉角說不準會遇到鬼啊，真是太黯然、太銷魂了。

不過這個時期的臺中師範學校在一九〇二年就停辦了；一九二三年在今臺中民生路校址成立的算是「復校」。所以我們校友中，保守一點的，謙稱自己學校將近百年；浮誇一點的，也有資格嚷嚷咱是走過兩甲子的老校。

日治大正年間復校的臺中師範學校，人才輩出，新文學作家就有翁鬧、吳坤煌、吳天賞、呂赫若等。把眼光從當時位於臺中西北邊陲的師範學校拉出來，看看更廣大的臺中地區：真可謂風雲際會，新舊交替。舊文學陣營有林癡仙、

圖目錄B－12　日治時期臺中師範學校周圍都還是農田。

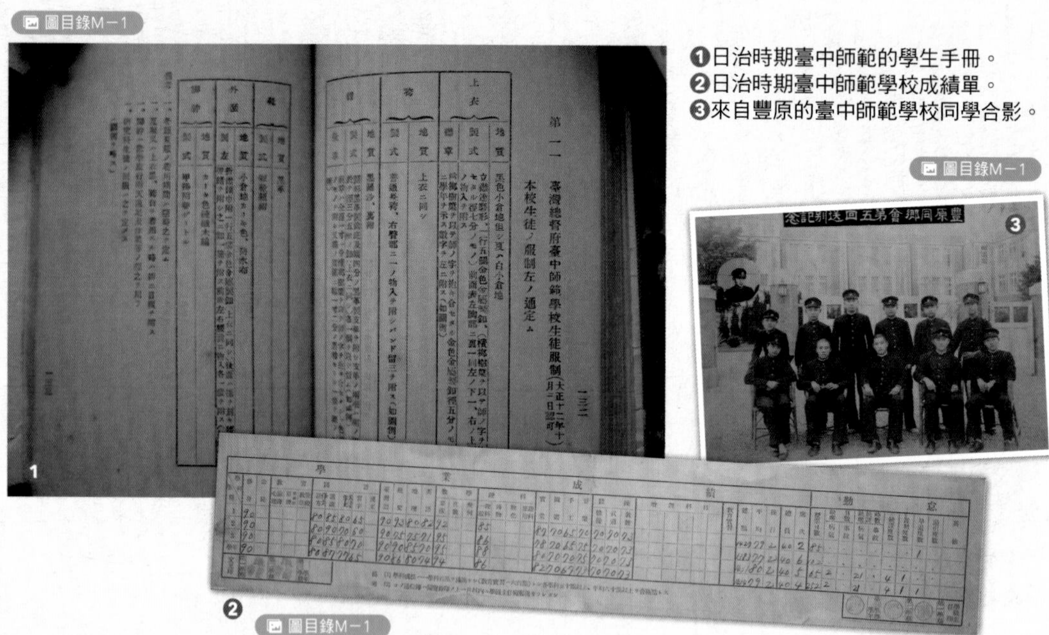

❶日治時期臺中師範的學生手冊。
❷日治時期臺中師範學校成績單。
❸來自豐原的臺中師範學校同學合影。

蔡啓運爲首，以及前文提及的莊太岳、莊幼岳父子等參加的「櫟社」；新文學陣營有張深切第一次連結全臺新文學作家的「臺灣文藝聯盟」，並發行機關雜誌《臺灣文藝》。政治上有臺灣文化協會的林獻堂，有農民運動的楊逵，有臺灣共產黨的謝雪紅……這些人物，盡皆聚集在臺中一帶，光是遙想就讓人心動神往！而當時坐落於臺中的新式教育最高學府，在這個瞬息萬變的場域中，自然成爲培育新時代人才的搖籃。

日治時代的臺中，新舊衝突，張力十足。在各種以臺北市、大稻埕爲主題的影視紛紛上映之後，我不禁思考：臺中是不是更適合拍攝這樣的戲劇？霧峰林家、清水蔡家、宮原武熊、第一中學校、中央書局、瑞成書局、臺中公園、製糖工場、公會堂、臺中州廳……

於是我從喜愛我青春時代的臺中，延伸到喜愛日治時代的臺中，再從老臺中的腳步往前追尋，得知臺中的一場文學盛世——洪醒夫在一九六九年創立中師「後浪詩社」之後，與其他文友同盟，提拔後進，帶起了一批文人。

與洪醒夫上下屆活躍於七〇年代、可以算同一時期的文人，還有蘇紹連、廖永來、陳義芝等中師校友。後浪詩社原本的發表園地，只是附錄在《中師青年》其中幾頁「後浪詩頁」而已。一九七二年起，正式獨立刊行《後浪詩刊》。在這段時期的後浪詩社，絕不是學校關起門來自己習作的小社團，而是更開闊的、接納衆多校外社員加入的詩社。後浪詩社發行詩刊後，一九七四年改組爲《詩人季刊》，正式宣告脫離校園社團色彩，立志擁有與前輩詩人能平起平坐的實力。這個企圖沒有落空，《詩人季刊》成爲臺灣詩壇的重要詩刊之一，並廣納非中師出身的文人。

戰後初期臺中師範學校的大門口照片。學校在1960年改名為臺中師範專科學校，1987年升格為臺中師範學院，2005年改制更名為臺中教育大學。

圖目錄M－1

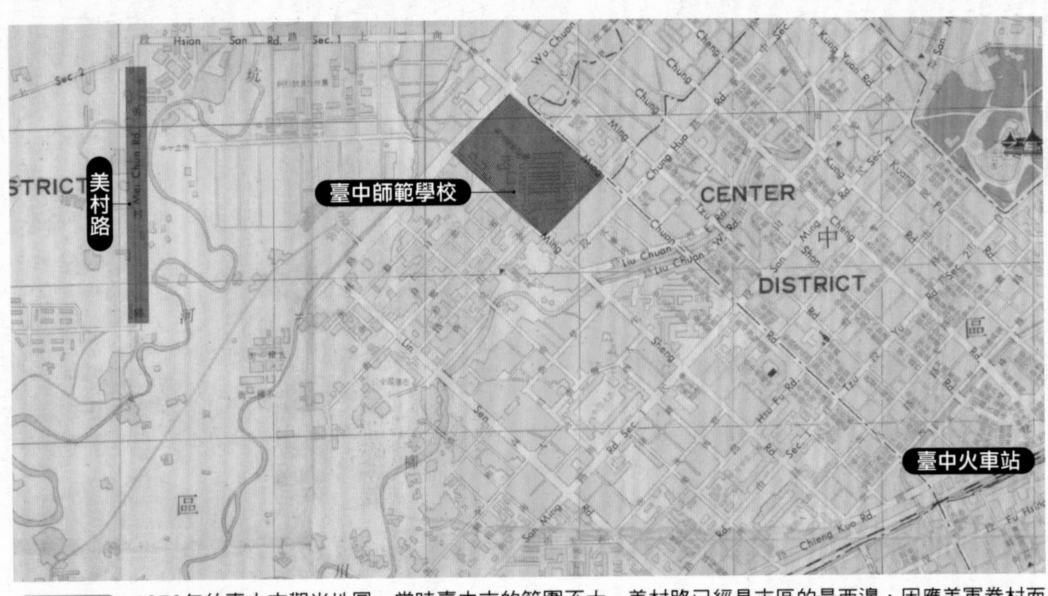

圖目錄A 1970年的臺中市觀光地圖，當時臺中市的範圍不大，美村路已經是市區的最西邊，因應美軍眷村而新開闢的道路。

而家母也曾經跟我述說過，大約同一時期，她來臺中市應徵工作的故事。七〇年代時她才十來歲，看到報紙廣告在美村路上有店家徵會計，清早便從南投鄉間搭車輾轉來到臺中，再從車站頂著烈陽走到美村路。到了地址一看，店家鐵門關著在午休，家母忍著飢渴蹲在騎樓等開門；好不容易挨到門開了，人家說他們只是家庭代工，沒有空房供外地人住宿。家母臉皮薄，不敢向人家借廁所和討水喝，只好忍著走回車站，三點多的下午沿途麵攤也都休息，飢腸轆轆無法舒緩……家母指著我所收藏七〇年代印製的臺中市地圖，美村路當時已經在地圖的最左端，她在地圖上以食指畫出從車站走到美村路的路線，我想，她回憶中的臺中，鐵定跟我的不一樣。

是啊，她的臺中印象，是車站和美村路上的小公司。我的臺中印象，是第一廣場、誠品龍心、科工隊、衣蝶百貨、德安廣場、精明一街。是火車後站不知名路旁深夜仍營業的兩家舊書店。是泡沫紅茶的出生地。是一出火車站就看到二十一世紀炸雞店。是一整年都用不到雨具。是杯滿溢果汁攤的檸容雪和老向麵館的雙花拌麵。離開臺中多年後，有次在YouTube看到一個團體在臺灣各地跳舞的剪輯，有一個只有五秒的畫面，我連忙按暫停——這地點是個平凡的路口，但我直覺認定是臺中；經過搜尋之後，果然在南屯無誤。我怎麼認出這是臺中的街景？是街屋的高度？街道的寬度？陽光的亮度？車輛的密度？我不知道，只能解釋爲「我愛臺中」。

愛上一座城市需不需要理由？每個人的理由都不同。我的理由是我的青春，我的母校，還有母校與臺中的歷史故事。而我也誠摯希望這本書，能成爲你愛上臺中的理由。

從荒蕪到繁華

一望無際的平原到高樓林立，
城市建設瞬息萬變、文化風情綿延百年。

圖目錄M－10

從荒蕪到繁華 1

解鎖先民足跡
臺中盆地開發史

文／孟祥瀚

昔 1900臺中城內略圖

圖目錄E－1

臺中城內略図 縮尺五千分ノ一

小東門

東門

小南門

❶ 衛戍病院

日治初期日軍在臺中設置的醫院稱為衛戍病院，原為清代孔廟。

圖目錄B－16

❸ 步兵等四、九大隊

❺ 工兵第二中隊

⓫ 騎兵第二中隊

⓭ 砲兵第二大隊

日治初期，軍隊在臺中使用的房舍大都是清朝建築的遺留。

圖目錄D－6

①衛戍病院
②傳染病室
③步兵第四、九大隊
④臺中縣廳
⑤工兵第二中隊
⑥旅團司令部附屬宿舍
⑦第十四憲兵隊本部
⑧臺灣守備混成第二旅團司令部
⑨補給廠臺中支場倉庫
⑩衛戍病院分病室
⑪騎兵第二中隊
⑫補給廠臺中支廠
⑬砲兵第二大隊
⑭步兵守備隊、臺中兵器支廠
⑮經營部臺中出張所

④ 臺中縣廳

日治初期統治機關臺中縣廳即是用舊清朝考棚辦公。後因改建州廳建築，而將考棚另行搬至現在的民生路39巷。

圖目錄B－16

⑧ 臺灣守備混成第二旅團司令部

臺灣守備混成第二旅團司令部是日軍駐臺中的總部，隸屬臺灣總督，主要任務為負責乙未戰爭後的臺灣守備與維持治安的工作。

圖目錄D－25

⑦ 第十四憲兵本部

日軍憲兵隊在臺中的本部。

圖目錄D－25

北門

小北門

新庄子

西門

小西門

南門

圖目錄C－9

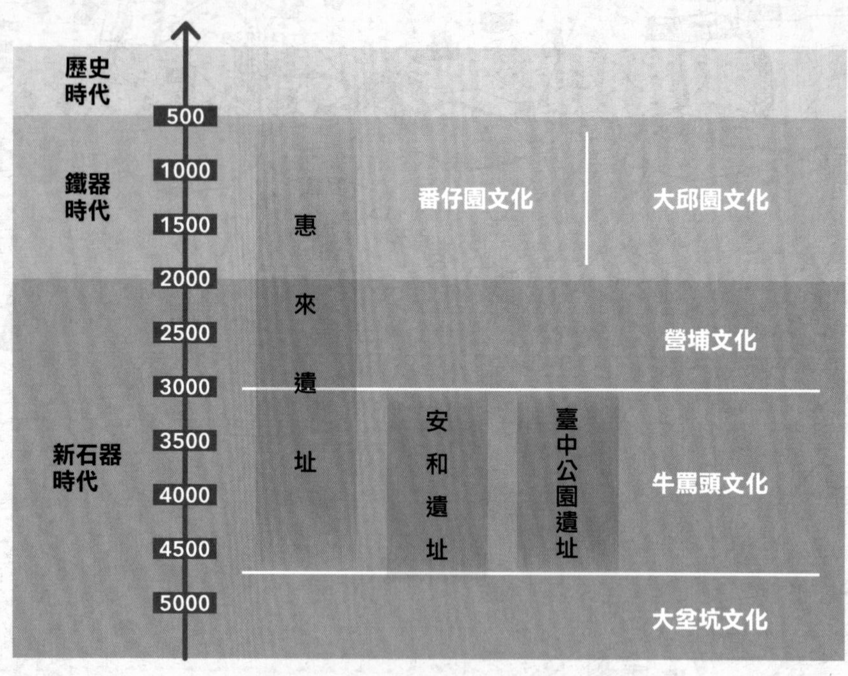

臺中地區史前文化層分期與考古遺址發掘到的文化層年代示意圖。

四千年前就是宜居城市

臺中市的地形包含海岸平原、后里臺地、大肚臺地、臺中盆地、東勢丘陵、豐原山地以及高山地區。考古學者劉益昌指出，臺中的沿海平原、臺地與盆地構成一個環境相似的生活空間：丘陵與海拔七、八百公尺以下的淺山地區，以及一千公尺以上的山區。上述地形的特徵對人文活動的影響，呈現在史前文化的分布與歷史時期的發展歷程。

根據考古遺址分布可知，距今約四千年前左右，新石器中晚期的牛罵頭文化，主要分布於臺中盆地周緣的海岸階地、低位河階與盆地周邊地勢較高之處。其後分向大肚溪與濁水溪中下游河邊臺地發展。臺中公園內發掘到的遺址，即屬牛罵頭文化類型。臺中市七期重劃區內的惠來遺址，則包含牛罵頭文化與番仔園文化等二個文化層，跨越新石器時代中晚期與鐵器時代，遺址文化層堆積達六十公分以上，出土十餘座墓葬，顯示爲人口衆多且長期定居的大型聚落。臺中市西屯區安和路及朝馬路口之安和遺址，出土四十八具人骨，其中一具女性人骨以左手托住嬰孩，低頭狀似俯視的慈愛模樣引人注目；遺址中包含大坌坑文化層與牛罵頭文化層，出土之墓葬群，經碳十四鑑定距今約四千八百年至四千年間，屬大坌坑時期，是中部地區罕見之大坌坑文化遺址，將臺中的史前時期往前推進至新石器時期的早中期，爲近年來中部地區考古成果之盛事。

上述考古遺址的出現，除了反映臺中地區新石器時期以來人群長期居住的情況外，由出土器物如鐵器或玉器等，亦可推知新石器時期以後，本地與臺灣北部甚至東部地區，已建立起互動及交換的管道。

平埔足跡

臺中西半部地區平埔族分布的足跡十分廣泛，包括拍瀑拉族、道卡斯族、巴宰族、巴布薩族、洪雅族，分布於大肚

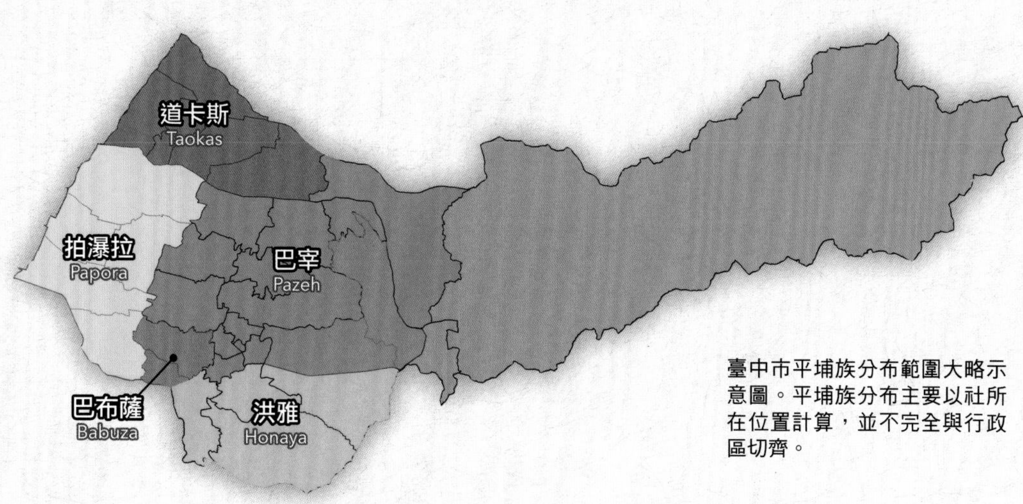

臺中市平埔族分布範圍大略示意圖。平埔族分布主要以社所在位置計算，並不完全與行政區切齊。

臺地與大安溪、大甲溪至大肚溪間的海岸平原。其中巴布薩族、洪雅族分布範圍向彰化、臺南延伸，在臺中區域內以大肚臺地東南側以及萬斗六社（今霧峰區）爲主。

十七世紀間，荷蘭人以大肚社勢力最強，稱雄中部之故，稱其領袖爲「大肚番王」。大肚番王對各部落擁有施咒祝禱祈求豐收、收受獵物、仲裁糾紛與提供保護的權力。其勢力直到十八世紀初期，在清軍的攻擊下才漸形衰弱。另一方面，荷蘭人藉著贌社制度，控制漢人社商至各社貿易，獲取鹿皮與特產，再轉售至日本與中國大陸。透過贌社貿易，中部地區的平埔族群被鏈結成爲東亞貿易網絡的一部分，而贌社的餉額，清領後即轉換成爲政府向各社徵收的社餉，透過名義上徵稅的形式，連結起平埔族群與國家的統屬關係。

族群板塊大挪移

清初漢人逐漸入墾臺灣，臺南府城一帶歷經荷蘭明鄭之拓墾，已成良田村舍，新來墾民乃往中北部拓墾。康熙至乾隆之百餘年間，即是臺中地區漢人拓墾最迅速的時期，臺中海線首當其衝。大甲溪北地區，漢人移民多從大安溪口登陸，沿溪谷向內陸推進，或自苗栗通霄、苑裡南下拓墾。大甲溪南地區，來

> “臺中山海屯，四千年前就是宜居城市史前文化與平埔族分佈廣泛。”

1897年大墩街的景色。此乃日本領臺初期，海軍侍從武官有馬良橘被派到臺灣巡視各地留下的珍貴紀錄。

圖目錄B－9

在《臺灣名所寫真帖》中此張照片寫的是西門外，在有馬良橘的攝景帖中寫的是南門及砲兵營，但經地圖考據，砲兵營當時位在西門外，因此本書仍以西門外的說法為主。

圖目錄D－7

自海路的漢人移民則多自梧棲港、塗葛堀港一帶登陸，拓墾梧棲、沙鹿、清水一帶；來自陸路者則由彰化地區北上，渡大肚溪至大肚與龍井地區拓墾。

越過大肚山往臺中盆地的拓墾過程中，最早是由臺灣北路營參將張國設置的張鎭庄，後卻因發生墾民遭原住民戕害事件而廢棄，其後，福建水師提督藍廷珍與張國的兒子張嗣徽合組藍張興墾號，以代替大肚社與貓霧捒社繳納社餉的方式，向官方請墾貓霧捒之野，所墾範圍則稱爲藍張興庄。臺中盆地北半部則是由六館業戶聯手，與岸裡社透過割地換水的方式，由業戶開鑿貓霧捒圳灌溉諸社土地、諸社割讓部分土地讓與業戶，進而招佃開墾，取得今神岡、大雅、西屯與北屯一帶的土地。

另一方面，清朝在臺水師爲取得戰船維修木料，派遣軍工木匠前往沿山一帶砍伐樟木，駐紮之地稱爲軍工匠寮，臺中地區初設於頭嵙山地（即今北屯區軍功里），其後遷往東勢區。後來漢人常以匠人的名義，越界入山，今東勢一帶

臺中小北門城外的影像，小北門約位於今日的民權路與三民路口附近。
圖目錄D－25

1897年臺中小北門城內景象，此區是省城內較為繁榮的街市。
圖目錄B－9

之拓墾，即與軍工料匠採備木料有關。

繁榮大墩、未竟的省城

雍正九（一七三一）年，清朝設貓霧捒巡檢於犁頭店街，負責管理大肚溪以北至大甲溪一帶的治安。雍正十一（一七三三）年，設貓霧捒汛於大墩一帶，負責盆地東側沿山地區「生番」的鎮壓。犁頭店街與大墩街成為官方控制臺中盆地的兩個據點。大墩街由於為貓霧捒汛屯駐所在，人口匯聚，居民利用柳川河水設置米碓，市肆商業更加繁盛。因其軍事經濟地位重要，林爽文事件與戴潮春事件發生時總是首當其衝，歷遭兵燹，惟事後總是能夠逐漸恢復繁榮之貌。

同治光緒年間，大墩街內已發展成出頂街、中街與下街等數個街廓，頂街或稱上街，約為今中區平等街、光復國小一帶，中街為以今萬春宮為中心之平等街與成功路一帶，下街約為今平等街與三民路間、臺灣大道二九九巷及中山路

> 建省城初期，官衙未備，城內僅考棚旁小北門街稍見街市。

一七五巷一帶。尤其中街所在位置，商家連棟並立，以米穀買賣爲大宗，特別繁榮。

光緒十三（一八八七）年，劉銘傳奏請於橋仔頭至大墩街一帶設置臺灣省城，對臺中的發展具有重大意義。清初以來，中部的政治中心原爲縣城所在的彰化，設省之後，中部地區的政治中心北移至省城，大墩街則因近貼省城，市肆繁榮，政治地位日益重要。

省城實際上是位於東大墩街東南方至橋仔頭庄與旱溪庄之間的土地上，因爲築城工事未竟，建省初期，官衙並未完備，巡撫與布政使仍於臺北辦公，臺灣知府則暫駐彰化。省城內實際上僅有臺灣知縣駐守，城內僅考棚旁的小北門街稍見街市，城內鄉野的景觀與商貿繁榮發達的大墩街實有霄壤之別。省城內的交通動線由北門至南門的道路與東門至西門的道路所構成，城內主要建築位於東西幹線以北，又根據南北幹線分成東側與西側。

西側爲省城內主要的政軍活動區域，包含考棚、林剛愍（文察）專祠、孔孟堂以及臺灣縣衙。日治初期考棚做爲日人行政官署，如縣廳、辨務署、監獄、醫院等。其他建築則爲軍隊佔駐，如臺灣縣廳爲步兵第四、九大隊佔駐，林剛愍專祠則做爲臺灣守備混成第二旅團司令部等。

東側則包含新庄子、文廟與城隍廟。

新庄子一帶爲吳鸞旂家族之產業。吳氏家族乾隆年間即購得二分埔至東勢子租業，設館招佃開墾，之後並定居新庄子。吳鸞旂父吳懋建爲追隨林文察征戰之十八大老之一，並娶林定邦之妹爲妻。省城工程由吳鸞旂擔任總理，與其侄林朝棟所率領之兵勇合力興建城垣，所以實際上建城是在吳、林二家的鼎力支持下進行。

此時省城主要的活動區域在考棚，其城市動線以考棚至孔孟堂與林剛愍專祠之東西向動線爲主，臨近考棚地區並形成小北門街，由小北門出入，連結大墩街。由於主要的生活機能仍在大墩街，建省後當地的生活重心仍以大墩街之頂街、中街與下街三個街廓所形成東西軸線爲主。直到明治四十四（一九一一）年市區改正計畫，拆除舊市街，大幅擴張市區規模，奠定日治時期臺中市的市區格局，以迄至今。

此張圖為1895年臺中省城圖，可看出省城範圍與周遭街庄的地理位置。但其實省城並沒有完工，城牆只完成北門經小北門到西門這一段約650丈（2.2公里）左右。

從　荒　蕪　②　到　繁　華

一座新興都市成形

日治時期臺中市的都市建設

文／陳靜寬

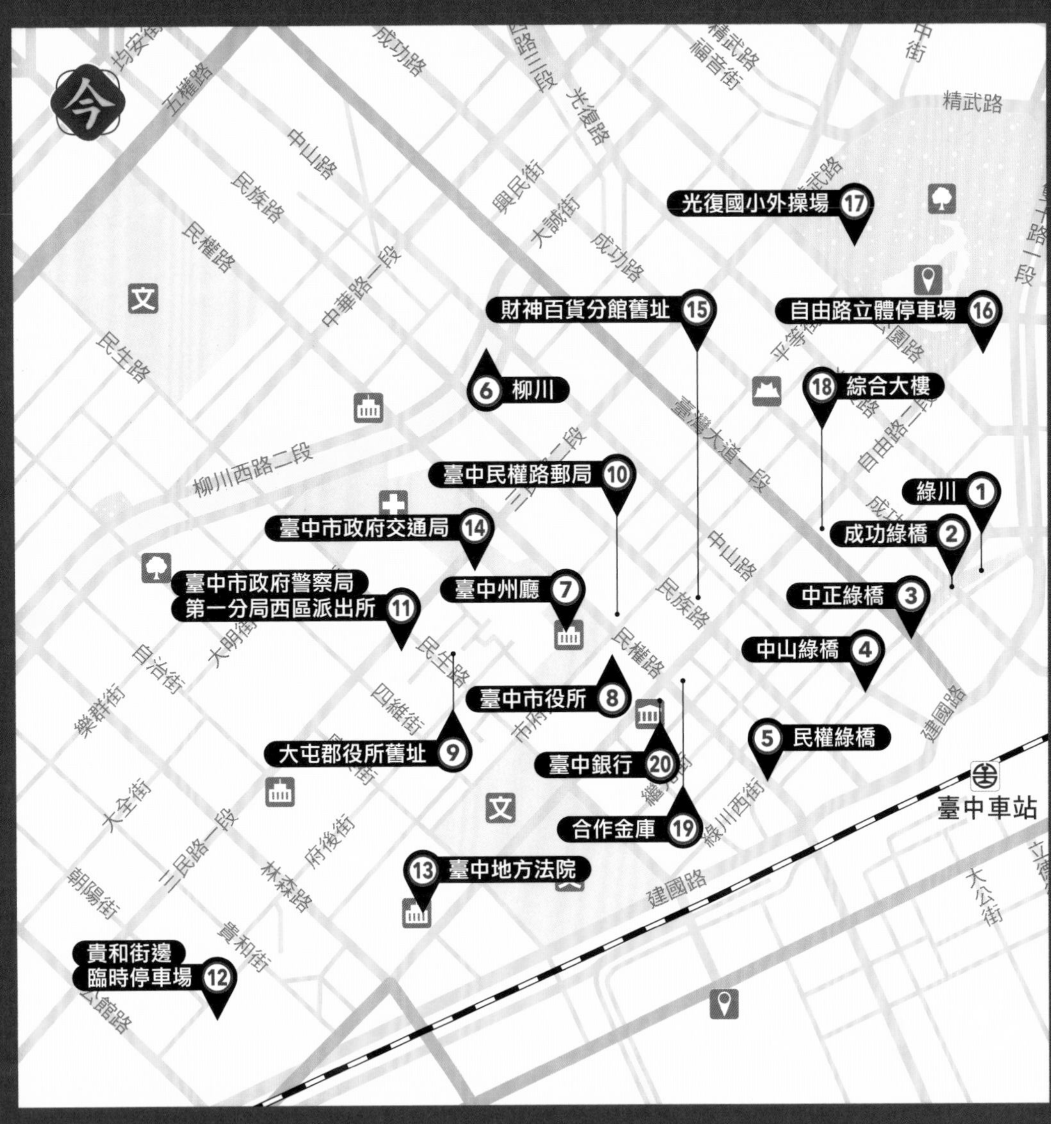

漫步在臺中市舊城區，沿著綠川、柳川或是中正路、中山路，映入眼簾的是筆直的街道與河道交錯，西式建築錯落其間，充滿日治時期的風情與特色。現在臺中舊城區的景觀是在日治時期才建構而成。

清領時期的市區，放眼看去只有水田及散落的聚落，可說是一片荒涼。位於臺中舊城區內的東大墩街是清領時期較爲熱鬧的市街區。日本人初來臺灣時見到的東大墩街上，茅草屋分列其間，路面凹陷、充滿了石礫；街道潮溼而狹隘，溝渠不全，汙水四溢，舉步難行，萬春宮還突出在道路旁，阻礙了交通。日本人統治臺灣之後，爲解決街道狹小、汙水排放問題，著手改善環境衛生，開始一連串的街廓區劃與改建，開展了邁向現代化都市的契機。

享受日光浴的格狀街區

清領時期，臺中並非中部政經中心，清末雖倡議建設省城，卻未完備即告終

位置請對照p.22－23的地圖

昔

1 綠川

日治時期整治後的綠川兩旁商業繁榮，綠意盎然的風光成為知名觀光景點。

今

圖目錄B－5

止，彼時人口尚未聚居，市區規模還算單純，統治者便能大刀闊斧，積極建設與改造。隨著時代推進，人口增加、都市機能加強，施設逐漸完備，臺中從人煙稀少的荒地逐漸成爲現代化大城市。

臺中市區街廓設計的構想最初來自巴爾頓（W.K Burton）與濱野彌四郎兩位技師，他們於一八九六年到臺中進行衛生工程調查時，提出方型格狀市街的都市設計藍圖。第一個市區計畫於一九〇〇年一月六日發布，此計畫奠定了臺中市區棋盤式街廓基礎，採用偏移四十五度的格子狀市街，街道呈現東北西南向與西北東南向的九十度交錯，如此街屋可早晚向陽，借助日光殺菌，創造優良環境。

一九〇〇年，市區遭逢暴風雨侵襲，道路砂土流失、水道氾濫、家屋崩毀、橋樑流失，使臺中廳於一九一一年再次公告市區計畫，確立以鐵路爲核心發展的都市圖樣，市區保留綠川、柳川河道並著手整治，其餘河床、窪地塡土整平，並規定道路寬度。鐵路將臺中市街分爲南北二區，重要公共設施設置於鐵路以北，公園設於市區東北角，與監獄、法院遙遙相望，分置於東西兩端。此次計畫不只修築新街道，也將舊建物拆除，至一九一四年，臺中市街上已經不見清代建築的身影，街道完全改觀，成爲井然的街衢。

綠川．柳川．京都風情

臺中市被視爲「小京都」，乃因綠川、柳川流經市中心，猶如京都的鴨川、桂川而得名。一九〇三年陸續將河岸曲折、易洪氾的綠川河道截彎取直，大力整治。綠川原稱新盛溪，一九一三年臺灣總督佐久間左馬太參加臺中神社祭典時，對綠川兩岸的翠綠大加讚賞，而命名爲「綠川」❶。綠川流經臺中市區，架有干城橋❷、櫻橋❸、新盛橋❹、大正橋❺等來溝通兩岸。同時，源自大屯郡三分埔的大墩溪，大正年間開始進行整治，兩岸遍植柳樹，一九一五年由臺中廳長枝德二等人改名爲「柳川」❻

今&昔

位置請對照p.22－23的地圖

昔

圖目錄F

2 干城橋

干城橋位於臺中市區成功路與綠川交叉處，屬於雙拱橋。

今

今

3 櫻橋

櫻橋位於臺灣大道一段與綠川交界處。橋上燈柱的裝飾已不見蹤影。

圖目錄D－27

昔

昔

圖目錄N－1

4 新盛橋

新盛橋為單拱橋，橋上有燈柱。位於今臺中市中山路與綠川交界處，建於1908年，臺中市政府於2004年指定為歷史建築。

今

今

5 大正橋

大正橋位於今日民權路與綠川交界處。

圖目錄F

位置請對照p.22－23的地圖

6 柳川

清末柳川因流經熱鬧的大墩街，原本河川遍布水碓，易造成淤積堵塞，日治時期重新整治後，奠定了柳川風貌的基礎。

圖目錄C－1

7 臺中州廳

臺中州廳，法國馬薩式風格屋頂，2006年指定為市定古蹟保留至今，現市政府機關已遷移至新市政大樓，僅留少部分局處在此辦公。

圖目錄N－1

8 臺中市役所

臺中市役所，建築形式上有紅磚與灰白色系飾帶，屬辰野式風格，2002年指定為歷史建築保留至今。

圖目錄N－1

9 大屯郡役所

位於臺中州廳之後，地址在今臺中市西區民生路38巷1號附近。為一棟L型二層樓建築，外觀有多立克樣式柱列及拱心石等裝飾，2014年被指定為歷史建築。

圖目錄F

，這兩條河川，經整治後成爲景觀與疏洪功能兼具的河流。

行政官署排排站

日治初期，臺灣民政支部遷設於臺中街，提升了臺中的政治地位，重要行政官署也紛紛於市區設置，目前尚有許多行政廳舍建築依然矗立於現址，是臺中市重要的文化資產，也是在地人的歷史記憶。

臺中廳官舍設置在幸町一丁目，座落於原清代考棚廳舍範圍內，一九一三年開始施工，分五期逐年完成。一九二〇年後臺中廳官舍改爲臺中州廳舍❼，是一棟西洋風格的建築，戰後臺中市政府仍沿用作爲辦公處所。一九一〇年臺中廳長枝德二開始籌建公共埤圳聯合會事務所，爲一洋式建築物，一九一一年落成，此爲臺中地區最早的鐵筋混凝土建築，一九二〇年實施市制後，改爲臺中市役所❽，戰後仍爲臺中市府的辦公廳處。州廳附近還有大屯郡役所❾、臺中郵便局❿、警察署⓫、刑務所⓬、地方法院⓭、知事官邸⓮等官署，是臺中市重要的政治中心。

形塑大眾公共空間

爲推展社會教化事業，官方籌設市民館⓯、公會堂⓰、行啓紀念館等，作爲民眾社會教育場所，然而這些建築幾乎都已不存在。臺中公會堂位於大正町，於一九二三年完工，是一棟二層文藝復興式的磚造建築。臺中市民館興建於一九二七年，由臺中俱樂部組織籌措建設，俱樂部原爲縣廳官吏的娛樂休閒組織，遷至寶町後，改爲一般民眾也能參與的娛樂聚會場所。臺中廳曾於一八九八年籌建臺中物產陳列館⓱，後因物產陳列館預定地改爲火車站用地，一九〇二年改設置於臺中公園。一九二三年爲紀念太子至臺視察而於大正町內建造行啓紀念館⓲，館內設有臺中州立教育博物館，一九二六年臺中物產陳列館也遷移至行啓紀念館內。

圖書館是社會教化的一部分，一九二〇年臺中州知事加福豐次倡議圖書館設立的必要性，由當時彰化銀行董事坂本素魯哉捐三千萬作爲購書費，先以州知事舊官舍爲臨時館址，幾經波折後，一九二三年五月十五日才定名爲臺中州立圖書館⑲，一九二九年新館成立，遷移至自由路現址，戰後圖書館幾經遷徙，但此建物一直沿用至今。

州立圖書館對面爲臺灣新聞社⑳，是臺中地區重要報紙的辦報中心，該建築現已拆除，當時所辦之《臺灣新聞》是《臺灣日日新報》在臺中地區的分報。

> “日治時期的都市計畫，臺中市從傳統聚落蛻變為現代化的都市，脫胎換骨。”

歷經公司改組，直到一九〇七年才易名爲《臺灣新聞》。

一九三五年一月，臺中州公告了第一個臺中市的都市計畫，這是現代都市機能區位規劃的嚆矢。都市計畫令的公布，使市區依機能區位規劃，讓臺中朝向現代大都市更進一步。

都市之肺．公園綠地

公園被喻爲都市的肺，可緩和都市生活的機械感，提供居民休閒娛樂的公共空間。早在一九〇〇年，臺中市區便已規劃公園預定地，但因該地作爲車站之故，而將公園遷移至東北角的砲臺山。一九〇三年，公園正式落成。同時將清末省城的北門樓㉑移入，在公園內豎立第四任臺灣總督兒玉源太郎及民政長官後藤新平的雕像；一九〇八年，爲接待來臺主持縱貫鐵路全線通車大典的載仁親王，於公園內修築池亭作爲親王休憩之所，池亭現已改稱爲湖心亭，是臺中市重要地標。一九三二年因應市區擴充，開闢水源地公園㉒，將清代考棚遺跡湧泉閣遷入公園內。園內還有一九三五年啓用的臺中放送局㉓，是繼臺北、臺南後增設的第三所廣播電臺，該建築現已被指定爲市定古蹟，建築物以「仿羅馬風格」與「簡化哥德風格」之裝飾元素點綴建築立面，獨具特色。

放眼未來

從清末劉銘傳的省城建設倡議，到日治時期的市區計畫，臺中市從傳統聚落蛻變爲現代化的都市，各項公共設施的興築，均爲現代都市的表徵，都市發展的指標。經過一連串計畫性的街區規劃與建設，臺中市區已經脫胎換骨，成爲二十世紀的新興都市。

圖目錄N－1

圖目錄B－14

今&昔

位置請對照p.22－23的地圖

10 臺中郵便局

臺中郵便局成立於1896年3月21日，前身為第十九野戰郵便局，同年4月1日改為臺中一等郵便局。最早建築風格為木造(圖左)，後於1933年改為鋼筋水泥建築(圖右)，戰後歷經三次改建，現為民權路上的臺中郵局。

11 臺中警察署

1934年由臺中州土木課設計興建竣工，位於村上町，今三民路一段178號。

圖目錄B－15

12 臺中刑務所

長谷川清總督視察臺中時留下的臺中刑務所照片，也就是臺中監獄，現已拆除成為光明國中校地與臨時停車場。

圖目錄B－2

位置請對照p.22－23的地圖

13 臺中地方法院

成立於1896年，設於幸町，即今臺中市自由路一段91號，舊建物已經拆除。

圖目錄B－17

14 臺中知事官邸

位於州廳後方一洋式建築，本為偏磚造風格建築，後為了接待來臺主持1908年臺灣鐵道全通式的閑院宮載仁親王而經過修繕至照片中樣貌。戰後曾短暫改為臺中賓館，後於1972年拆除改建為臺中市議會，2010年縣市合併後，此地改為交通局。

圖目錄B－18

17 物產陳列館

在殖民的情境下，總督府為展示各地物產而興建，原本預計在今天臺中火車站用地上建造，但因為火車站興建的關係，搬遷到臺中公園內設置，1902年興建至1926年拆除，物產館遷至教育博物館內，原址現在是公園草地與光復國小的外操場。

18 行啟紀念館

為紀念1923年裕仁皇太子來臺而設置，臺中州立教育博物館也設置其中，總坪數有203坪餘。現址為閒置已久的綜合大樓。

圖目錄N－5

20 臺灣新聞社

位址於今臺中民權路與自由路口，現址為臺中銀行。

圖目錄D－14

位置請對照p.33的地圖

昔

圖目錄C－1

21 北門樓

原本臺中省城的大北門位在臺中公園入口附近，因都市計畫拆除城門後，其城門樓（又稱明遠樓）被移到臺中公園內安置，命名為觀月亭，後又稱望月亭。

今

昔

圖目錄N－1

今

22 水源地公園

此乃水源地公園中的地標，貯水塔。日治時期自來水建設，乃由地下水井取水，以唧筒抽升至此貯水塔暫存，再用自然重力分送到市區各地。貯水塔建築物外觀稍有改變，但仍是見證臺中市自來水建設的重要歷史建築。

23 臺中放送局

位於臺中市新高町水源地公園內，2002年經臺中市文化局登錄為歷史建築。

圖目錄C－5

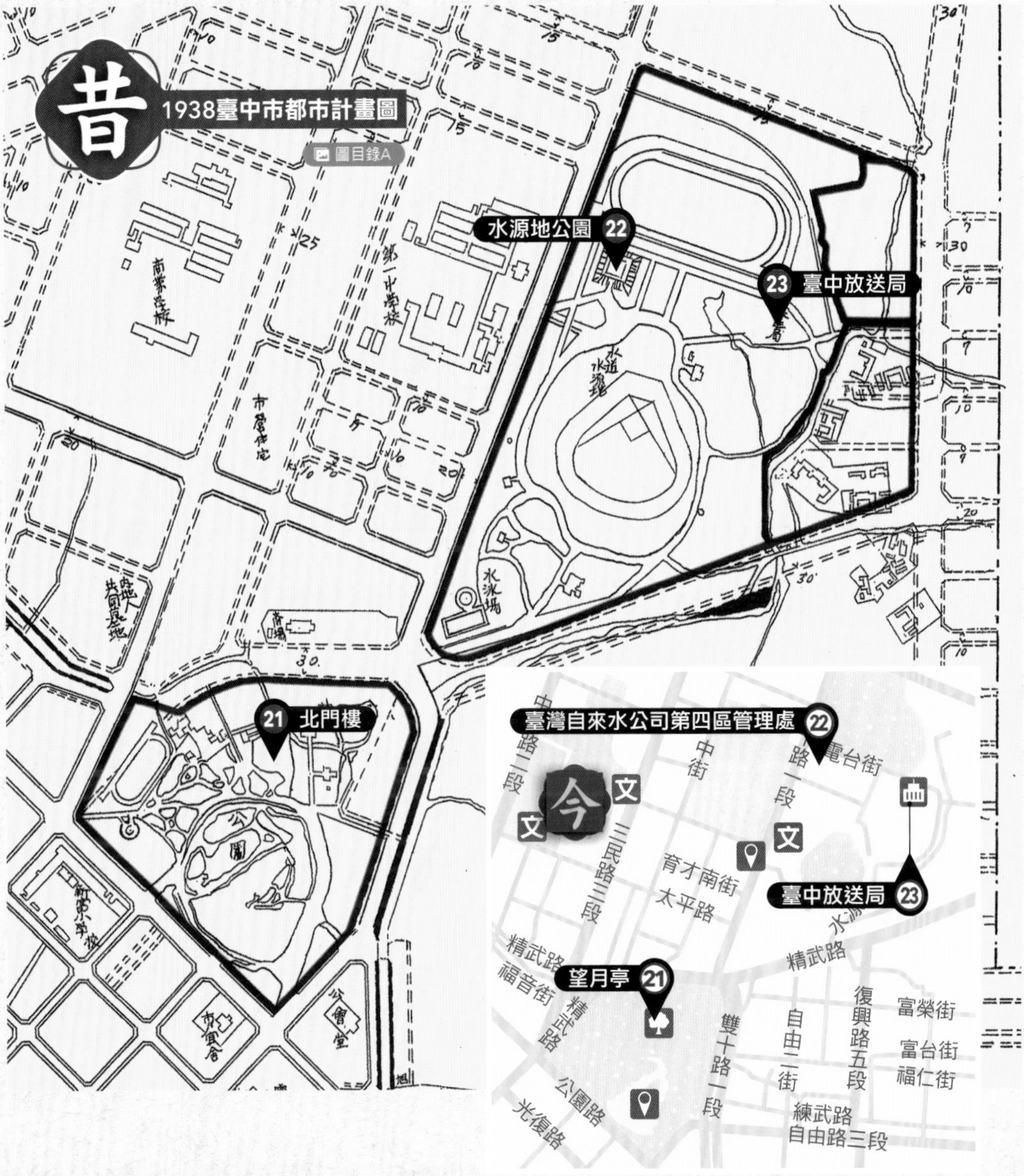

昔 1938臺中市都市計畫圖

圖目錄A

水源地公園 22
23 臺中放送局
21 北門樓

今
臺灣自來水公司第四區管理處 22
臺中放送局 23
望月亭 21

從荒蕪 3 到繁華

文化重地

臺中站前的榮光歲月

文／蘇睿弼

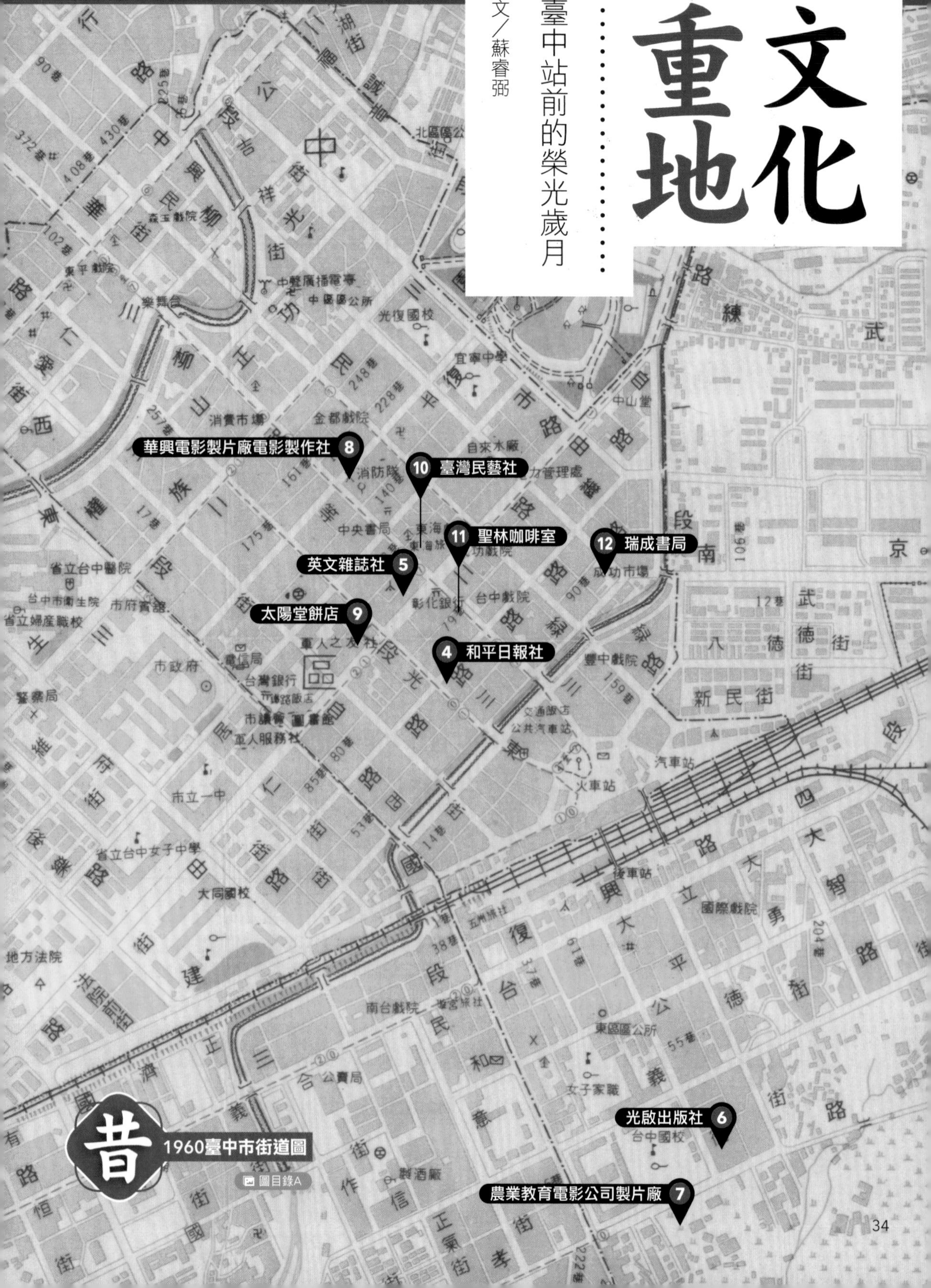

昔 1960臺中市街道圖

圖目錄A

8 華興電影製片廠電影製作社
10 臺灣民藝社
11 聖林咖啡室
12 瑞成書局
5 英文雜誌社
9 太陽堂餅店
4 和平日報社
6 光啟出版社
7 農業教育電影公司製片廠

臺中，這座城市發展的起點始於臺中車站，車站前的街區，曾經是臺灣文化蓬勃發展的最前線。一九〇八年十月二十四日，縱貫鐵道通車典禮時，參加典禮的賓客，搭著蒸氣火車來到臺中，出了車站穿越綠川，跨過當時東亞第一座水泥橋——新盛橋，沿著鈴蘭通（今中山路）前進，行至街角然後右轉至臺中公園典禮會場，那天晚上，整個市區點亮了一百多盞瓦斯燈，成爲臺灣最亮眼的城市。

時髦城市・風尚先驅

二十世紀初期，自行車開始流行在臺灣各地的城市。它不只是交通工具，甚至被視爲運動競技的項目，包括林獻堂在內的臺中當地仕紳，在一九〇三年組成了「愛輪會」，作爲推廣自行車運動的民間組織，通車典禮過後的臺中公園，成爲市民們的自行車練習場。一九一〇年，全臺灣第一場自行車競賽即於臺中公園舉辦，當時的自行車除了

新富町附近在日治時期是日本人居住的街區，也是臺中第一條兩線道路，中間由行道樹做分隔。 圖目錄N－1

在市民心中有著高價、時髦的印象外，更加上了運動休閒的觀感，成爲臺中城市的新風尚。

新的世紀交替，帶來了新的文化風貌。二十世紀初期，許多日本隨軍攝影記者退役後，紛紛在臺灣各地的市街區開起寫眞館（即照相館），當時臺灣民間，其實還在認爲照相會偷走靈魂的時代。而一位家住臺中車站附近的十四歲少年林草，因緣際會在日本人開的寫眞館當學徒，開始接觸攝影，三年後，林草進入憲兵隊服務，認識了經營寫眞館的荻野先生，學習人像攝影，成爲其得意門生。一九〇一年荻野因故離臺，林草將家裡位於南臺中的土地賣掉後，買下了荻野先生在大墩街上的寫眞館，「林寫眞館」❶正式掛牌開張，當年林草才二十歲，「林寫眞館」是日治時期臺灣人開設的第一家照相館。

臺中因爲縱貫鐵道通車，帶來了南來北往的人潮，經濟活動日趨繁榮，清代時期中部屯墾積累的土地資本，在殖民政府政策鼓勵下，轉換爲金融資本，第一家由中部地區仕紳們集資成立的金融機構——彰化銀行❷，總行在一九一〇年時由彰化遷移至臺中，二十多年後興建新總行，也就是現今看到的古典樣式建築，雄偉地矗立在櫻橋通與大正町通（今臺灣大道與自由路）的交叉路口，這個街角從日治時期到戰後的八〇年代，一直都是全臺灣地價最高的地段。

市民生活：來去市區逛街喫咖啡

一九二〇、三〇年代的臺中市區，各種商業活動已相當熱絡，櫻橋通與大正町通兩側的公共設施一應俱全。此外，綠川、柳川兩岸怡人的綠蔭，加上大正

中部臺灣共進會在臺中市區設置了五個場館，第一會場為行啟紀念館、第二會場是臺中公會堂、第三會場是畜產館，第四跟第五會場都設在臺中公園內。 圖目錄B－10

今&昔

位置請對照p.34－35的地圖

1 林寫真館

一樓門廳是門市，攝影棚設在二樓，林家家居室則在一樓門市後方第二進的地方。

2 彰化銀行

彰化銀行株式會社委請白倉好夫與畠山喜三郎設計的古典樣式建築，於1938年完工。

圖目錄C－1

3 巴咖啡

左方是臺中公會堂，右方尖形屋頂建築即是巴咖啡。今日兩棟建築皆已拆除。

圖目錄F

市民集資捐贈的行啟紀念館在共進會時作為第一會場使用，內部展示教育、衛生、番族等類的物產，展覽會期間外牆上裝飾著許多燈泡，夜間光彩奪目。 圖目錄B－10

橋通（今民權路）的雙排林蔭道，以及路中央植有行道樹的新富町通（今三民路），還有臺中公園，這個大約十八公頃的範圍，是臺中市民日常生活中的公共空間，在中部的豔陽之下，更成爲一個適合閒逛漫步的綠園都市。

有著完善的公共設施與都市環境，是吸引各種商業投資與文化動能的基礎，而大型的節慶活動，更是城市行銷的重要手段。一九二六年臺中舉辦了臺灣中部地區第一次的博覽會「中部臺灣共進會」，目的是爲了慶祝市民集資捐贈的行啓紀念館落成，並彰顯臺中市各項產業與建設的發展成果，主會場設置於臺中車站、行啓紀念館以及臺中公園周邊。這場臺中市舉辦的城市博覽會，在短短十天內共吸引了七十七萬多人參觀，當時的臺中人口也只有三萬五千人，達到莫大的城市行銷宣傳效果，臺中公園也因此躍上臺灣各類觀光導覽手冊中，成爲臺中市的象徵地標。

當時公園周邊時髦的市民生活，從一九二九年出現在臺中公園前、臺中公會堂旁的西洋料理店——巴咖啡❸，就可一窺風貌。這間最早在臺中推出神戶牛排的西洋料理店，除了建築物是豪華的歐式風格之外，老闆森浦清太郎更別具創意，由於他是位汽車組裝迷，因此想出結合汽車和咖啡屋的創舉，在一九三一年推出可容納十二名客人的行動咖啡車，每當臺中公園舉辦活動，便可看到這輛行動咖啡車的身影，置身於公園內的戶外咖啡座與行動餐車，可以想見當時市民生活的優雅。

城市文化的永續發展，除了商業，更需推動教育與文化事業，一九一三年在中部仕紳的號召下，集資成立了第一所專門培育臺灣人子弟的高級中學；一九二五年秋天，臺灣文化協會在臺中召開全島大會，中部仕紳更是奔走不遺餘力；隔年中央書局的成立大會也在綠川附近的醉月樓召開，這是臺灣第一次由民間共同出資，以股份的方式成立的文化組織，共募集了四萬圓（二千股），與成立彰化銀行的資本額一樣，足見臺中人對文化的看重。

在臺中仕紳們的支持與帶動下，臺中成爲一座商業及文化皆蓬勃發展的城市，吸引了許多菁英人才來到這裡生活，如臺灣第一位女醫師蔡阿信，也和先生彭華英來到臺中創設清信醫院，對臺灣地方公共衛生與衛教發展貢獻巨大。

戰後舊城引領文化風潮

臺中舊市區在戰後吸收了來自不同地方的移民與文化，持續在文化界發揮影響力。例如在二戰期間活躍於浙江、福建地區具有理想色彩的媒體工作者，一九四六年五月前來臺中設立《和平日報》❹。他們以關懷弱勢者的角度，勇於批評當時行政長官陳儀的施政，揭發不少貪官汙吏和地方惡勢力的醜事，因此吸引了不少臺中在地知識分子加入，包括楊逵、楊克煌、謝雪紅、鍾逸人、蔡鐵城、蔡瑞旺、黃玉鶯、呂炳森等人組成編輯團隊，其中謝雪紅、鍾逸人、蔡鐵城等人是後來二二八事件發生時，臺中武裝民兵組織二七部隊的主要成員，而著名的藝術家陳庭詩也在當時擔任《和平日報》的美術編輯。

❹ 和平日報社

和平日報社舊址。

《和平日報》總部成爲當時本省、外省文化菁英互相交流的場域，林獻堂、黃朝清、葉榮鐘、張文環等人經常在此出入，一九四六年八月十五日，由《和平日報》編輯群主筆的《新知識》雜誌，即是由臺中文化的推手——中央書局出版。

隨著冷戰時期美援進入臺灣，美軍在臺中設立了東海大學，以及水湳、清泉崗等軍事基地，美式文化也開始出現在臺中街頭，全臺第一家美式超級市場就在中山路上的美珍香，是臺中最早提供進口食品的店鋪。同一條路上另有精文打字行，由打字機工會理事長韋玉水先生開設，販賣當時正流行的英文打字機，並供應美軍基地大量辦公器材。

一九五〇年代，自由路上開設了一間間的書報攤、留聲機、打字機販售店，還有唱片行、照相館、報社、出版社、咖啡店等店鋪。當時自由路與公園路交叉路口的臺中公會堂建築還在，而另一端自由路與民權路口的圖書館，經常舉辦各類文化活動，這一帶是許多文化人士、學生們流連忘返的地區。其中，位於彰化銀行斜對面，師承李石樵的前輩藝術家張耀熙，剛從臺大外文系畢業即和太太林翠釵一起在自由路開設了英文雜誌社❺，讓許多臺中人初次接觸到英語文化。此外，基督教文化組織光啓社的前身光啓出版社❻，也是一九五七年在臺中成立，出版大量文史、哲學、藝術及語言等領域的書籍，也培育了許多優秀的文學作家和創作者。

當時臺中的後火車站是各種新式文化躍動之地，中影前身的農業教育電影公司製片廠❼戰後從南京搬遷到臺中後站地區，第一家由臺灣人自行拍攝臺語片《薛平貴與王寶釧》的華興電影製片廠❽，也位於不遠處的南平路一帶。而因

7 農業教育電影公司製片廠

農業教育電影公司是中影的前身，1948年從南京遷移到臺中重建製片廠，1954年與臺影合併改組為中央電影事業股份有限公司，簡稱中影。1959年遇火災後，總公司搬遷至臺北，後此處改為中連貨運的停車場。

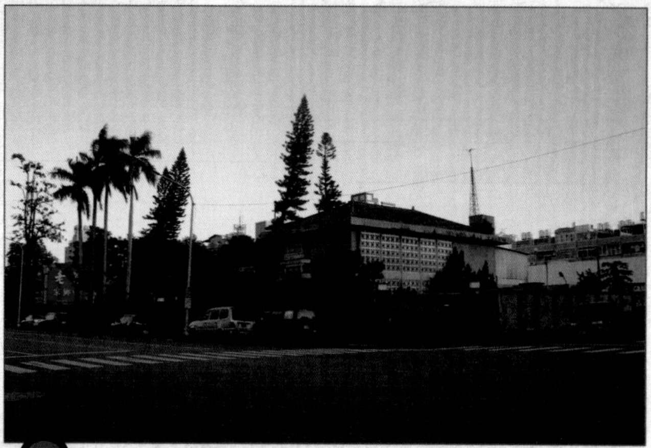

圖目錄G－2

八，合約日期：定於四月二十日連同連帶保證人到場辦理合約如逾期未到辦理者除將該保證金無條件沒收外並由次標者照第一標價遞補之

兼場長 陳振東

中華民國四十五年四月十一日

中國華興電影製片廠公開徵求臺語男女演員啓事

本廠創業伊始自發表本省第一部臺語古裝片「薛平貴與王寶釧」以來，幸蒙各方先進指正感激良深。茲為繼續發展本省電影藝術起見，依照左列辦法特公開徵求臺語演員。

一，凡年在十八歲至卅歲初中畢業或有同等學歷思想純正身體強壯者不分男女省籍，通曉標準流利臺語，有從影志趣者均可應徵，如有演劇或拍片經驗者更為歡迎。

二，應徵者須填具詳細履歷表乙份，並註明適任何種角色及專技特長，附四寸半身正面及側面照片各一張（須註明姓名，年齡，身長，胸圍，體重）逕送臺中市平等街八十二號中國華興電影製片廠收。

三，應徵期限自即日起至四月卅日止，合則約期面談及試鏡，不合原件退還。

此啓

三輪機器腳踏車過戶啓事：敝所於民國

8 華興電影製片廠

1956年《臺灣民聲日報》上華興電影製片廠徵求演員的報導，當時華興電影製片廠還是電影製作社，設於創辦人何基明先生位於平等街86號的家中。因臺語片日漸興盛，隔年擴大成立股份公司，並將製片廠移至南平路一代的何家祖厝。可惜當 1958 年 11 月電影主事機關改為新聞局電檢處之後，這些大型片廠紛紛出現經營困難：華興後於 1961 年停產，1962 年解散成員，片廠讓渡給何基明的表弟改作紙廠。

應電影產業的發達，早期以繪製電影看板知名的設計師王水河的住家和工作室也在後火車站，中央書局也曾經在這一帶設立分店，當時中央書局的總經理張星建也住在附近，這麼多文化人聚居，難怪一九五六年，剛從國外回國的顏水龍即選擇在後火車站落腳。

剛回國的顏水龍除了開始針對臺灣民間工藝進行調查研究外，也替自由路二十三號的太陽堂餅店⑨，設計製作店內的向日葵馬賽克壁畫，以及各類包裝和商標，成爲戰後企業識別系統（CIS）和品牌概念的先驅。並於隔年在臺灣民藝社⑩舉辦戰後第一次個展，雖然只有短短四天，卻吸引了衆多的臺中市民前往參觀，著名作家江燦琳與畫家林之助、楊啓東，更接連在報紙上介紹評論顏水龍的展覽。展場附近也有一間臺中文化界人士經常出沒的聖林咖啡室⑪，這是張深切開設的藝文空間，張深切戰前參與過臺灣文藝聯盟與中國新文學運動，拍過相當賣座的臺語電影片《丘罔舍》，並以此片得到第一屆金馬獎最佳故事編劇獎。翻閱這些前人留下的痕跡，想像人們看完顏水龍的展覽後，前往咖啡店交談評論的盛況，或許能夠感受臺中被稱作文化城的時代，瀰漫著人文薈萃的氛圍。

臺灣歷史的演進歷程中，不同政權頻繁更迭，文化城的臺中卻有瑞成書局⑫，能夠一路走過殖民統治、戰亂及祝融，在大型連鎖書店、網路書店的環伺下，以心靈、宗教爲主的書籍，持續經營一百年。這是一座令人感到偉大的城市，許多人耗費他們的青春，刻劃城市裡的許多角落；上個世紀中，有人在這裡白手起家、開創事業，有人慷慨地

12 瑞成書局

最早成立於第一市場內，此張照片為1928年搬遷至干城橋通（今成功路）後於1960年代拍攝的照片。此位置今日已改為東協廣場的商家，而瑞成書局則是在1987年遷至雙十路至今。

圖目錄M−2

今&昔

位置請對照p.34−35的地圖

圖目錄M−3

10 臺灣民藝社

臺灣民藝社由蔡惠郎醫生成立，宗旨為提倡美化人生、鼓勵民間手工藝品。位於臺灣大道與自由路交叉口旁聯福大樓靠近臺灣大樓側。

隆重開幕

文化城的文化殿堂

聖林咖啡室

地址：臺中戲院對面巷內

電話：一三一七號

11 聖林咖啡室

由《臺灣民聲日報》上的廣告可知聖林咖啡室位於臺中戲院對面巷內。但實際位置已不可考。

圖目錄G−1

辦校興學、救助鄉里，有人則是學成歸國、懸壺濟世，更有人積極宣揚理念、開化民智。他們在這城市留下了許許多多的足跡，城市裡充滿了他們對於未來的夢想。回顧這座城市的榮光，希望在前人努力的足跡中，找到走向未來的勇氣與方向。

攘往熙來 人物交匯

鐵路與地利之便，
臺中成為貿易與人群的集散地，
交流貨物也交流人情。

圖目錄M－2

攘往熙來 1 人物交匯

縱貫山南海北

一座和鐵道休戚與共的城市

文／陳煒翰

圖目錄D-26

臺中的命運，或許在日本統治初期就被決定。

鐵道與城市的休戚與共，也正是臺中發展的根本之因。

從劉銘傳欲在臺灣中部打造省城開始，大臺中地區即是統治臺灣的權力核心者們理想中的風水寶地。雖然沒有如美國華盛頓般最終成為政治中心，但取代周邊由移民者自主開發的市鎮，卻是不爭的事實。

日本人將東大墩街改造成臺中市，仰賴鐵道的開闢。有了縱貫鐵道，老臺中市區擺脫了沒有良港的缺憾，磁吸了周邊地區的農工產品，轉運至基隆與高雄，再至日本本土或世界各地。集散地代表著人潮的聚集，也意味著商業興起，讓臺中不僅在政策上設立官衙與學校，銀行、娛樂業也因此而立，滿足了統治者的正循環希冀。

逃過「死劫」，傳承記憶

一九〇八年，縱貫鐵道通車儀式選在臺中進行，臺中公園❶內的池亭（今湖心亭）即是建來作為主持通車儀式的閑院宮載仁親王休憩處之用，通車式在殖民政府從零打造起的城市進行，包含著特殊的意義。一九〇五年啓用的第一代臺中車站在速成主義下以日式木造風格建成，在臺中市區高度發展下，隨即不堪負荷。

從當年的車站收入可以看到一些端倪。一九〇五年的臺中站，僅有六萬餘元的收入，到了一九一六年，暴增至卅三萬餘元，在這樣高度成長下，建造一座美觀且合用的車站，自然水到渠成。

一九一七年，臺中車站❷以紅磚與灰白橫條像飾帶的辰野金吾式風格亮相，紅磚站體與木構屋頂，鐘樓與恰到好處

> “有了縱貫鐵道，人潮聚集，商業興起。”

日治時期臺中車站前廣場，日本皇親貴族來到臺灣視察、抵達臺中時，在火車站前設立奉迎門表達歡迎之意，此圖還可見到當時臺中站前的建築物尚是有亭仔腳的兩層樓樓房。

木造風格的第一代臺中車站。 圖目錄C－8

的裝飾，讓這座車站沉穩又不失優雅，華麗又不失內斂，作爲臺灣中部最大的車站與臺中的玄關，可看出鐵道部工務課在設計時的野心與熟慮。第二代臺中站的落成慶祝大會也很體面，請來「臺灣守護神」北白川宮能久親王之子出席，所受重視可見一斑。

臺中站十分幸運，它沒有經過太多的戰爭洗禮，也不似基隆車站慘遭毒手，更不像臺北站，一九八〇年代拆除舊站後，在當年政治正確之風吹拂下，一座鋼筋混凝土構成的巨大車站蓋上紅色中國風屋頂，像極了連鎖比薩店的招牌而被戲稱成「比薩屋」；臺中站只在一九四九年時增建了右翼空間。但一九九五年它也曾在鬼門關前走過一回。當時的省府與鐵路相關單位爲了改善鐵路對於城鄉發展的影響，決定在穿越鐵路人數較多、平交道阻礙交通的路段推動「臺鐵立體化」，不是新建道路陸橋或地下道，就是打算將鐵路高架或地下化。臺鐵即將開始飛天遁地之時，官員們也打算同時改建臺灣西部各大車站，並以商業開發爲重的新車站取代。在方興未艾的鐵道以及文史、地方團體大串連反對下，臺中站及新竹等站，順利扭轉被拆毀的命運，成爲有身分的古蹟，繼續承載著臺中人百年來的歷史記憶。

> “海線鐵路為百年後的臺中，留下一條能作為環狀鐵路運行的基石。”

今&昔

位置請對照p.62－63的地圖

昔

圖目錄N－1

今

1 臺中公園

1908年縱貫鐵路通車大典時，於臺中公園湖中興建了供閑院宮載仁親王使用的御休憩所，也就是現在的湖心亭。不僅是臺中的重要地標，也是眾人到此一遊留念的景點。

今

2 臺中火車站

1917年落成後的臺中車站，偌大的廣場上還可看到當時的汽車，車站整體建築與今日訂為古蹟的臺中舊站相去不遠。

昔

圖目錄N－1

抒解滯貨，山海聯繫

日本人建設位居內陸的臺中，爲了改善交通，南下的火車必須在苗栗奮戰陡坡，才能「柳暗花明又一村」地抵達。相對付出的代價是，縱貫線以速成主義爲方針蓋出的陡峭單線運能有限，加上司機、蒸氣火車頭與貨車也不足，從一九一七年起，南北各大車站便發生貨物無法吞吐的「滯貨」現象，物產堆積如山，甚至露天曝曬，景氣再好，產業再盛，都無法抵擋貨物出不了家門的人禍。

鐵道部除了日夜趕工以解決燃眉之急外，也著手進行治本之道，沿著中部海岸線開闢一條平緩的路線，來永久解決問題。一九一九年起，海線鐵路花費四年時間修築，雖讓臺灣經濟猶如打通任督二脈，但對舊臺中市來說卻是短空長多。時人擔心通過臺中的火車少了，臺中是否會就此沒落，市民們的辛苦打拚會付諸流水，因此甚至舉行大規模的請願活動。慶幸的是，海線通車後臺中並

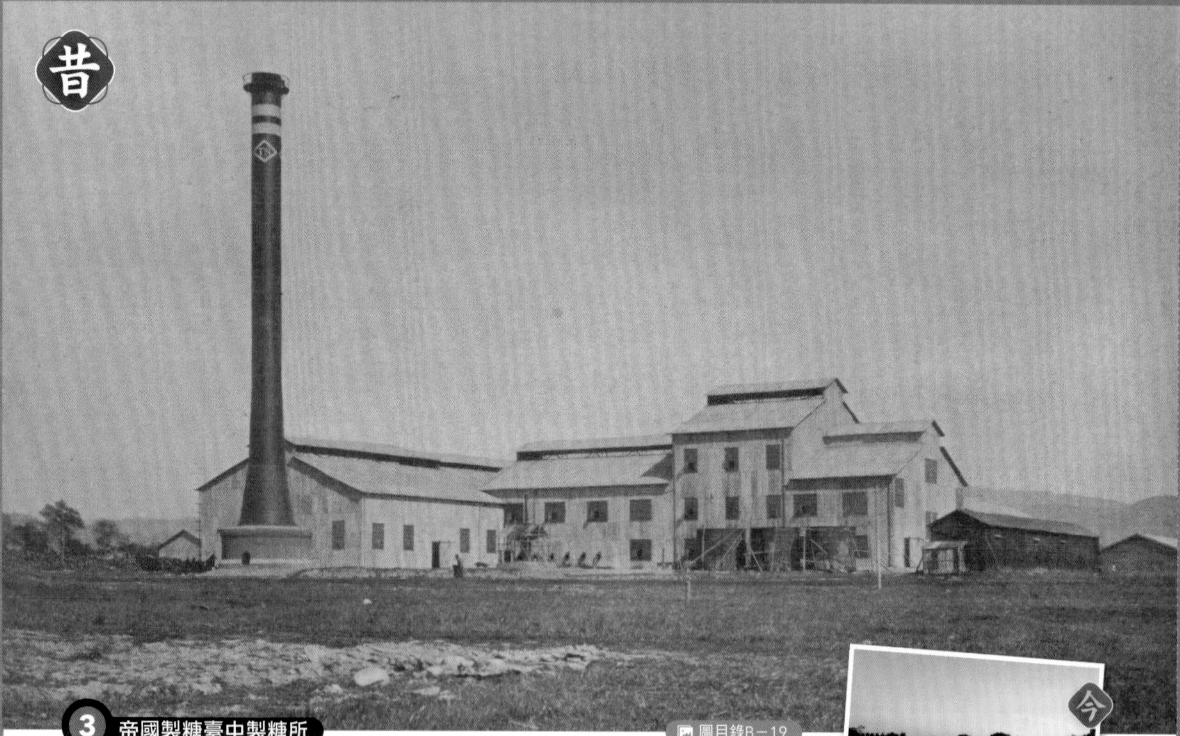

昔

圖目錄B－19

今

3 帝國製糖臺中製糖所

後站的帝國糖廠臺中製糖所，1910年成立，是工業繁榮的象徵，也是鐵道旅行與皇族來臺時的旅行景點。戰後作為臺糖工廠營運，直到1993年停產。後歷經建商開發中斷、雨天空地積水會形成大水池，閒置許久，又有新的規劃展開。

位置請對照p.62－63的地圖

4 中南線鐵道

中南線上滿載甘蔗的五分車。

圖目錄D－2

圖目錄F

5 中南驛

第一代糖鐵中南線車站，後在1964年整建成臺中後站，現因臺中新站建設完成後作為古蹟保留。

沒有發生衰敗的現象，甚至爲百年後的今日，留下一條能夠作爲環狀鐵路運行的基石。

聯絡中投，百業並進

「鐵道立體化促成都市縫合」是近年的議題，而老臺中市區的發展，因爲鐵道而一分爲二，也是不爭的事實。自一九〇〇年臺中的第一份都市計畫起，臺中站以及鐵道以西，即所謂的前站區域，便是臺中都市發展的重心，文教、商業、住宅區，公園、流水、綠樹蔭，無一不是重新規劃出的新秩序。鐵道以東，即是長期以來被臺中人稱爲後站的區域，則有著截然不同的風景，糖廠的煙囪、後站儲貨的倉庫、糖鐵與臺車道，那裡便是臺中的農工區。

一九三九年臺中工業產值近七成爲製糖業，很大一部分仰賴著一九一〇年設立、位於高砂町的帝國製糖臺中製糖所（後爲臺糖臺中糖廠）❸。離臺中車站不遠的它，就跟其他糖廠一般，擁有自己的生命線——糖鐵，全盛時期甚至有卅餘條通往周邊的原料區。

臺中製糖所的中南線❹，即是一條承擔繁重任務的路線，貫通縱貫鐵道的臺中站至南投，全長近三十公里。不僅是當地相當仰賴的交通工具，在日本統治中期時，也有一日開行近二十趟車來載運兩百噸甘蔗原料的業績。像中南線這樣深入鄉鎮，既載貨又載人的糖鐵，被稱爲「營業線」，是公路尚未興起時，許多地方的重要出入管道。

中南線亦是一條在日本統治時代未因汽車興起而被打趴的路線。是時，臺灣地方交通在公路完善後，鐵道逐漸被公車攻城掠地，但中南線依然靠著卓越與可靠的能力——尤其是那座跨越烏溪的堅固鐵橋，繼續嚴守崗位。

眞正摧毀它的兇手，是一九五九年的八七水災。雖然在戰後曾被畫爲戰略要角「南北平行預備線」的一員，在水患後卻因公路交通漸次完備，重要性降低遂未修復，最終走入歷史。臺中後站地圖上被標爲「中南驛」❺，是緊鄰在臺中站路線東側的中南線起點車站，於一九六四年整建而成了之後服務臺中近六十年的站體，與一九一七年興建的二十號倉庫群，共同訴說著鐵道以東地區曾經的農工產業榮光。

破敗與再生的拔河

在都市開發上跟鐵道休戚與共的臺中，近年在破敗與再生中拔河，老驛站與新車站的巧妙結合，讓老臺中的天際線上增加了一點年輕的靈魂。開發跟保存絕非對立，「小京都」的願景也並不只是百年前的舊聞；今年正好百歲的磚紅站體，州廳的修復及老宅再生，倉庫和藝術家的共舞以及糖廠園區的再開放，東大墩彷彿又回到了那個受人矚目、朝氣勃勃，什麼都能奮力一搏的臺中城。

仰望純白的新站體，吹著不需冷氣，由高山跟大海送出的風，或許，值得等待。

柳川與菜市場散步

沿著都市命脈走進臺中之胃

文／蕭琮容

都市前身的命脈是水流，滔滔轉轉湯湯，流水不腐，總有新氣象。居民來了之後，河邊的土地冒出綠色的芽，蓋起房子，生育後代，有了市街，開展生意，聚落於是從水邊亭亭立了起來。

從垂柳依依到吊腳陋屋：林之助的膠彩柳川

臺中市區就有兩條秀氣的河川流經，柳川與綠川。從名字便可猜想得到，曲水旁種了垂柳和綠意，詩意地穿過市街。其中柳川的支流梅川倒是沒種梅樹，種的是令人困惑、奇異如盤掌形狀，落果會發出臭味的掌葉蘋婆。攝影凍結吉光，然而舊日的黑白照片難以捕捉那斑斕悠閒的靈光，身在二十一世紀的吾輩，或許可從彼時畫者眼中筆下的印象，來揣度歷史風光吧。

柳川畔的柳川西路二段上，有一幢日式平房，是日治時期畫家林之助的紀念館。林之助出身臺中大雅區士紳家庭，十二歲即赴日，最後就讀日本帝國美術學校（今武藏野美術大學）。這位因為太平洋戰爭爆發而返回臺灣的年輕畫家，在臺灣中部開始推廣藝術，執教於臺中師範學校（今臺中教育大學），並創辦「中部美術協會」。從林之助膠彩畫裡色調恬靜柔美、新綠蒼翠深淺交融的景色，與人們恬適的面容中，我們或許能試著想像，一甲子之前，這位青年如何以獨特的藝術家之眼，裁選眼前的柳川風光。

五〇年代的柳川，依然是一派恬淡閒適的風情，農村景緻躲在林後，不見工廠鐵皮屋，人煙稀少，前景大數是群鴨。背景以膠彩暈染疊層塗出冥冥天空，透著青綠，一層水洗薄釉似的。大約是映照著地面蜿蜒的河水和大片水田，人心也思慕綠意的緣故。

到了一九八〇年代，林之助再畫柳川，畫中不再是綠意盎然的農田，反而是逼仄房屋。戰後帶來的大量政治移民以及因為三十年間急速發展，臺中這個中臺灣的大都市，擠滿了脫農轉工的外來人口。這些離鄉打拚的人們，在距離

林之助於1958年的畫作〈柳川〉。

圖目錄J

臺中火車站和公路局不遠的柳川畔，一板一釘蓋起木製陋屋。畫面色彩是略為憂鬱窘迫、深淺不一的藍與黑，蒼白的天空之下，木房高腳下竟有黝深不可覷之所。高齡八十的畫家，洞察世事的眼神勾勒出飽滿的滄桑，或許也有些說不出口的陰鬱溫柔吧。

我曾懷疑，畫家筆下的陋屋，其實不在柳川，而在二〇一〇年拆除、俗稱「無尾巷」的長春里民生路二十六巷。無尾巷位在綠川邊上，約莫四十戶、興建於一九五四年的河岸吊腳樓。空間窄小，排泄物管線直入河川，蹲踞的建築也包容了從事低技術勞動的底層單身漢勞工。這裡的建築物，都有著如〈柳川陋屋〉畫中一樣的吊腳模樣，也同樣包含一絲生命的苦澀憂鬱。也或者，在臺灣經濟筆直起飛的年代裡，無論柳川綠川，都包容著這樣的簡易建築，讓離家打拚的異鄉客在城市一角有處棲身。

1970年攝影家余如季推動綠川同心運動，美化河岸初期，從綠川上空仍可俯瞰到整排吊腳樓景觀。

圖目錄M－2

細嚼漫步好食光：第五市場的庶民味蕾

日治前期，臺中有三個消費市場，即今天的第一、第二和第三消費市場。第一市場❻開設於一九〇七年，位於榮町，是臺中廳第一個「現代化」的消費市場。因位於市中心，在全臺中的市場中人流量最大。消費以肉類交易為主，

由余如季所拍攝的柳川吊腳樓。

圖目錄M－2

連帶周邊小販、娛樂設施形成熱鬧商圈。解嚴後，第一市場原址改建成複合式的大樓商場「第一廣場」，是年輕人及次文化的發源地。但在一九九五年的臺中衛爾康大火後，謠言第一廣場也會發生祝融之災，造成人潮退去，開啓衰退先機。之後高鐵建設引入大量東南亞移工，第一廣場因交通地利之便，成爲移工們的社交與生活消費場域，目前改稱爲「東協廣場」。

第三市場❽位於火車站後站，自日治時期創立以來，一直是臺中市民心中的街區市場，活絡而美味，卻不顯張揚。一九一〇年代前後，日本政府以〈臺灣市場管束規則〉來改造傳統市場，成爲明亮衛生的現代化市場，第三市場便誕生在這樣的時空背景之中。一九二二年首設立於櫻町，但因空間不敷使用，移至敷島町，因此又稱敷島町菜市場。外食攤販與肉品，古早味小吃、醬菜與肉鬆，是本市場的特色產品。

臺中市南京路上的第四市場❾，興建於日治時期一九三二年，因位在干城町，又名干城町消費市場。過去鄰近臺中步兵第三大隊、帝國製糖株式會社及位在今臺中市北、東區交界的東勢子農村，滿足當地消費需求，設立了臺中市第四座公設消費市場。第四市場的空間配置及特殊的水泥建築設計歷經數十年，至今依然沒有改變。二〇一四年頒訂爲臺中歷史建物，但近年來閒置，市政府積極規劃新用途，如邀請漫畫家進駐或成爲展覽空間。

從林之助紀念館跨過柳川，會遇見第五市場❿。這座市場舊日座落於初音町，是深受市民喜愛的市場，魅力在於規模方正小巧，五臟俱全，至今仍有熱鬧而樸素的生活情調。第五市場落成的前身，是彼時農人在此大缸醃製醃菜販售的集市，一九三八年遂成立公有市場。戰後比鄰軍公教宿舍區，居民調性平實小康。

如今來人可以在這裡找到齊全的蔬菜魚肉，也因爲此地鄰近舊臺中市政府、法院等公家機關，在地之餘也兼顧了本省外省腸胃。市場旁有油豆腐細粉

今&昔

位置請對照p.62－63的地圖

6 第一市場

設立於1907年的榮町市場，如今為東南亞移工聚集的東協廣場。

圖目錄B－16

8 第三市場

第三市場於1928年搬遷至現址，又稱敷島町市場，木造建築極具特色。

圖目錄B－16

9 第四市場

第四市場又稱干城町消費市場，如今閒置多年，正在尋求轉型。

圖目錄D－15

位置請對照p.62－63的地圖

10 第五市場

第五市場至今仍是當地人尋覓家常美食的所在，圖爲第五市場僅存的珍貴老照片。

圖目錄M－2

這般江南小食，裡面買得到茴香餡的餃子，入口處則有自製香辣油，痛快噴香的肉羹蚵仔麵線，旁邊還有馳名第二市場的顏記肉包族人在此開設的肉包餛飩店——一樣夠味，包進空氣感的臺味餛飩，在這裡品嘗不需慕名排隊，僅需偶然路過，再親切不過的家常點心隨時在此等候。

美食精品跨洋而來：新富町市場的優雅記憶

第五市場逛不過癮，穿過如今改作臺中文學館的前木造警察宿舍群，再回到水岸，慢慢走，不消幾個街區，就可抵達第二市場。第二市場❼是臺中最馳名的菜市場，觀光客通常白天擠在入口處品嘗蘿蔔糕麻醬麵，下午享用豆漿紅茶或肉包餛飩，到了夜晚和宵夜，則一定要來碗充滿中臺灣小菜風味的李海魯肉飯。值得一提的是，作爲臺中的在地市場，不免俗地，每年入春到秋，總有長達半年的時間能在此品嘗到滑涼微苦甘的麻薏湯——因爲勾芡顯得綠油油的湯碗內，浮著費心搓軟的黃麻葉，再來幾塊金黃橙綿的地瓜塊，正是第二市場迷人的庶民小食滋味。

第二市場落成於一九一七年，與畫家林之助同歲，因位屬新富町，也稱作新富町菜市場，更因位處日本人密集居住的區域，提供高品質的商品服務，又稱「日本人的菜市場」。第二市場的建築也頗有可觀之處，以六角主樓爲中心，開散出三翼長廊的放射性建築，整體含延伸頂蓋的部分占地超過兩千坪。

百年之後，日人穿梭的身影早已不復，行走其間，動輒開業百年，販售日本食物舶來品的商店（前身是日式食堂），或跑單幫帶回來的日本歐洲服飾精品，訴說著臺中人經歷「現代化」與「全球化」洗禮的痕跡。第二市場旁限量的伴手禮號稱夢幻逸品——阪神本舖的長崎蜂蜜蛋糕，正適合代表這段象徵亞洲現代化的過程。這種蛋糕據說是十六世紀時葡萄牙傳教士在日本長崎以極民生的雞蛋、麵粉、糖製作而成，醇

7 第二市場

第二市場三翼放射狀的特殊建築形式保留至今。

圖目錄N－2

厚滋味打開了日本人的心；如今這家戰後開設的蜂蜜蛋糕店，懷抱著跨洋的身世，落腳在曾經十分新潮的日本人菜市場，古今映照，吃起來就更有意思了。

臺中最具舊日時代風情的菜市場，不偏不倚，跟著人們的聚落而生，出現在柳川溪畔。也因爲街區以及成立年代的差異，發展不同的菜市場風情。世界上沒有一模一樣的兩個菜市場，行人只能夠在其中找到似曾相似的印象，從物產與人群中辨認出一地的特質。如果對外來客推薦一條臺中歷史散步的路線，以第五市場爲始，先體會戰後臺中人群密集居住的區域：公務人員宿舍、農人、城鄉移民的聚集之處。接著沿垂柳水岸走上十五分鐘，途中行經老派咖啡廳、鵝肉、青果行等臺中中區老店家，最後抵達觀光客熱愛的第二市場。第二市場無疑是臺中都市現代化痕跡的註腳之一，過去這裡引進新潮的菜市場設計，販售舶來品，臺人在此品嘗到日本的現代消費，日人則在此回味家鄉。這是選擇一條連接菜市場的水路，讀一座城市身世的行腳方法。

戰後的第二市場，圖為主建築外圍的店鋪外觀。

圖目錄M－2

一串香蕉牽動各方權力糾葛

日治時期臺中香蕉的產銷結構

文／張家綸

臺中最大的香蕉市場。

圖目錄D－3

1902年香蕉首度輸入日本後大受歡迎，帶動臺灣香蕉產業的興起，臺中成為集散地。蕉農收割後，送往青果合作社批發處，待價而沽。 圖目錄D－14

從平地到山區

一九二七年十月十八日約莫下午一點左右，臺中州廳外有近一百位以上農民，聚集在廳外大聲抗議。追其緣由，原來有位叫張質的農民，在一九二五年到二六年之間向日資企業大寶農林部租借一塊林地種植香蕉，只不過這塊林地原是用來種植樟樹，無奈種樹所需成本過高，所以在臺灣總督府允諾下，民眾可在林間隙地種植經濟作物以達維持生計和照顧林地之雙重功能，只是民眾無法拿捏種植範圍，加以大寶農林部也未善盡監督之責，導致張質在不知情下將香蕉種植在造林地上，促使調查官員要求大寶農林部限期改善，否則將收回林地，不得已大寶農林部只好派人砍伐張質辛苦種植的香蕉。

張質一聽到消息，連同其他蕉農向大寶農林部抗議，經協議後，雙方同意延期一年。未料，大寶農林部卻偷偷派遣一百多名苦力，準備砍掉那一大片香蕉，但早已聽到風聲的蕉農們，頓時蜂擁而上，死命阻止，大寶農林部只得讓苦力撤退。這群蕉農認爲事情不能就此結束，於是再度到臺中州廳陳情，不過並未受到臺中州廳的重視，甚至最後林地也被一併收回。

爲何香蕉種植可以如此氾濫，甚至侵占到造林地，此實與當時香蕉產業興盛有關。早於一九〇一年，兒玉源太郎總督在有關殖產興業之演說中即提到鳳梨、香蕉是熱帶國家特有的產物，若能好好培育，將來勢必可爲臺灣水果產業

以「來自臺灣的可愛小男孩和香蕉」作為廣告標語，推銷香蕉。

圖目錄D－1

開創出一條商機大道。日後不少商人嗅到此商機，如一九〇三年基隆賴成發外銷七籠（三十公斤）香蕉到日本神戶、一九〇八年臺中梅谷直吉外銷將近七萬籠（三十萬公斤）香蕉到日本販售，逐漸吸引日本人的注意力。其他商人見有利可圖，也開始投資香蕉市場，結果帶動香蕉種植業的興起。

漸漸地，香蕉從平地往山區前進，臺中一帶尤爲種植中心，一九一一年，葫蘆墩、東勢角之間修築完成的輕便軌道帶來交通之利後，種植面積逐漸擴張。到了一九一六年已經普遍分布於造林地之間，種植面積高達三千甲，進而爲日後的張質事件埋下了遠因。

蕉商與蕉農之爭

隨著香蕉產業興盛，商人或蕉農間競爭激烈，最後甚至削價出售，導致香蕉價格慘跌，雙方都蒙受其害。爲求順利經營，一九一四年十一月商人創設「中部臺灣果物移出仲買商組合」，但當時尚無法源依據。一九一四年十二月十五日臺灣總督府公布《重要物產同業組合法》後，隔年（一九一五年）梅谷直吉、蘇蟬等十四人發起組織「中部臺灣青果物移出同業組合」。這個方式雖可避免競爭，並提高利潤，不過卻苦了蕉農。由於商人聯合掌控了外銷窗口，使得他們的香蕉僅能透過蕉商之手，如此一來，生產的香蕉都必須受商人所左右，而無法自己決定價格。爲了與之對抗，一九一七年臺中地區的生產者組織「芭蕉實生產販賣組合」。

見到生產者團結起來，蕉商結合日本下關、門司、阪神地區的青果批發商，拒絕與「芭蕉實生產販賣組合」貿易，同時在神戶設立事務所以強化業務；見此，蕉農也如法炮製，聯合九家東京青果批發商組織「芭蕉荷受販賣組合」以開闢關東地區市場，然最後由於商人

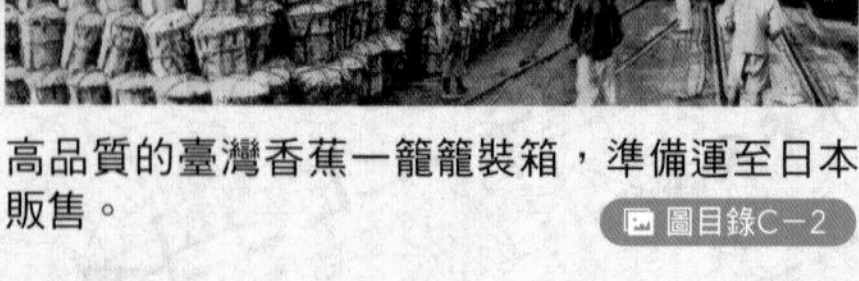

高品質的臺灣香蕉一籠籠裝箱，準備運至日本販售。

圖目錄C－2

臺中香蕉最大宗出口城市為日本東京，在神田批發市場內，成堆已熟成的香蕉，等著零售商挑選。

圖目錄D－4

> 短短五年，香蕉外銷日本的數量，從七籠暴增到七萬籠，逐漸吸引日本人的注意力。

梅谷直吉為中部香蕉外銷業者，曾任職臺灣果物株式會社專務取締役一職。

圖目錄D－17

蘇蟬原經營吳服店，而後轉向運輸業，並擔任運輸同業組合中部副支長，待事業擴大之後，始經營香蕉外銷於日本的事業。

圖目錄D－17

之間早已建立固定的香蕉輸出方式，使得剛加入此市場的蕉農既無法另外開啓新交易模式，亦無法打進原本已構築的貿易網絡，結果不敵蕉商，最後在一九二〇年宣布解散。

雖然蕉農暫時退敗，蕉商看似暫無敵手，但有一問題卻長期困擾他們，即不公平的交易制度。當時和日本商人的交易方式有兩種，一是委託日本批發商販賣，但這種方式完全任憑日本批發商和中間商處理，臺灣出口商無法干涉。二是日本批發商以指定價格向出口商預約香蕉，出口商到市場購買香蕉。在這期間，由於香蕉質地軟易遭破壞，加上保存期限也短，使得出口商必須承擔從產地到日本港口間的各種風險。

爲保障臺灣出口商利益，一九二一年成立的「中部臺灣青果同業組合」，在一九二五年十二月，以臺中、臺南、高雄三州青果同業組合，擴大組織成「臺灣青果同業組合聯合會」⑪，並在日本設置指定代理商，遂而解決問題。只是生產者仍試圖掌握貿易運作，在他們積極爭取及政府多方協商下，同業組合終於在一九二四年改組，允許生產者加入，改稱爲「臺中州青果同業組合」⑫。然而，雖然臺灣出口商強化了彼此間的聯繫，但香蕉是否能有利潤，仍有賴日本進口商的操作。爲公平分配日本進口商、臺灣出口商和生產者的利益，一九二四年三方聯合創立了「臺灣青果株式會社」⑬，以與日本方面的大盤同業公會合作。此外，臺灣民間也自組青果同業組合，如位於中南驛，陳文銘創建的「文青果組合會社」⑭，便是將農產品外銷日本的公司。

結果生產者不再透過出口商將香蕉銷往日本，反而透過同業組合委託青果會社外銷，外銷後利潤的部分結餘則全數交還給生產者，導致蕉商逐漸無利可圖。一九二六年臺中州青果同業組合改組，出口商人全面退出該組合，生產者終於反敗爲勝。

位置請對照p.62－63的地圖

12 臺中州青果同業組合

臺灣青果同業組合聯合會改組，加入生產者，改稱臺中州青果同業組合，冀望生產與販賣兩方能達到雙贏，獲得高利潤。

圖目錄D－17

11 臺灣青果同業組合聯合會

臺灣青果同業組合聯合會由臺中、臺南、高雄三州青果同業組合而成，目的在於矯正香蕉產業剝削之弊害，致力發展國內外輸出販賣通路。

圖目錄D－16

14 文青果組合會社

今臺中後站舊稱中南驛，糖鐵五分車將南投、草屯等地農產品如香蕉、甘蔗運至此地，故又稱「香蕉市」。位在中南驛邊的文青果組合會社，便是將農產品外銷日本的公司，負責人為櫻町的陳文銘，以其名「文」字為商標，後因青果組合遷移，建物轉賣另做他用。

圖目錄D－16

13 臺灣青果株式會社

為矯正香蕉買賣弊端，公平分配日本進口商、臺灣出口商和生產者的利益，創立「臺灣青果株式會社」。原地點改建為住商混合大樓，大樓上面還寫著青果聯合大樓，依稀可辨認過往痕跡。

臺灣水果王國的建立，由香蕉開始。

圖目錄D－17

本山文平從東京帝國大學英法系畢業後，即渡臺擔任總督府專賣局書記一職，而後留學於歐洲各國，1920年歸臺，隔年任臺中州內務部長，後榮昇州知事。任職期間，致力改革臺灣蕉界制度，從公職退休後，更直接擔任臺灣青果株式會社社長，擴張臺灣香蕉販賣據點。

看得見的手

表面上，生產者雖然占了上風，掌控整個產銷通路，但實際上，臺灣總督府透過人事安排掌握香蕉貿易的實際權力。從青果株式會社自取締役社長（董事長）、專務取締役（常務董事）、部長（各部門經理）、課長到係長（股長）等重要幹部，皆由日本退休官員擔任，臺灣人僅能在係長職位中占一二席而已。

不僅如此，連同各州同業組合之重要幹部也都是官員或官派人員擔任，例如組長（理事主席）由州知事任命州廳內的內務部長兼任；副組長二人，一人由郡守退休者或官派市長擔任，是實際掌權者，另一人則由官派最有力的生產者擔任。評議員都由官方甄選；代議員初期是官方甄選，一九三四年後改爲一半普選，其他如各級主管或產地檢查所主任，大多由日人退休官員擔任。因此表面上雖是生產者爲中心的組織，但實際上是殖民地官僚體系之一環。

在歷任社長中，又以本山文平最爲知名。本山文平從臺灣總督府警務局局長退休後，一九三六年在衆人推舉下，接任「臺灣青果株式會社」社長。他就任後，不僅改善日本臺灣的交易方式，最重要的是，致力於擴張販賣網絡，包括東京、橫濱、名古屋、京都、大阪、門司、下關、長崎、小樽、函館都有販賣臺灣香蕉的據點，之後甚至於海外的京城、釜山、平壤、奉天、大連等地設立分店，短短數年，臺灣香蕉網絡幾乎遍布了日本統治下的領地。

回顧日治時期數十年來的臺灣香蕉史，不僅述說一個水果王國的建立過程，並如實地反映出龐大商機背後的權力競爭，而「臺灣青果株式會社」正足以做爲一個黃金時代的最佳縮影。

昔
1937臺中市地圖
圖目錄A
1 臺中公園
2 臺中火車站
3 帝國製糖臺中製糖所
4 中南線鐵道
5 中南驛
6 第一市場
8 第三市場
9 第四市場
11 臺灣青果同業組合聯合會
13 臺灣青果株式會社
14 文青果組合會社

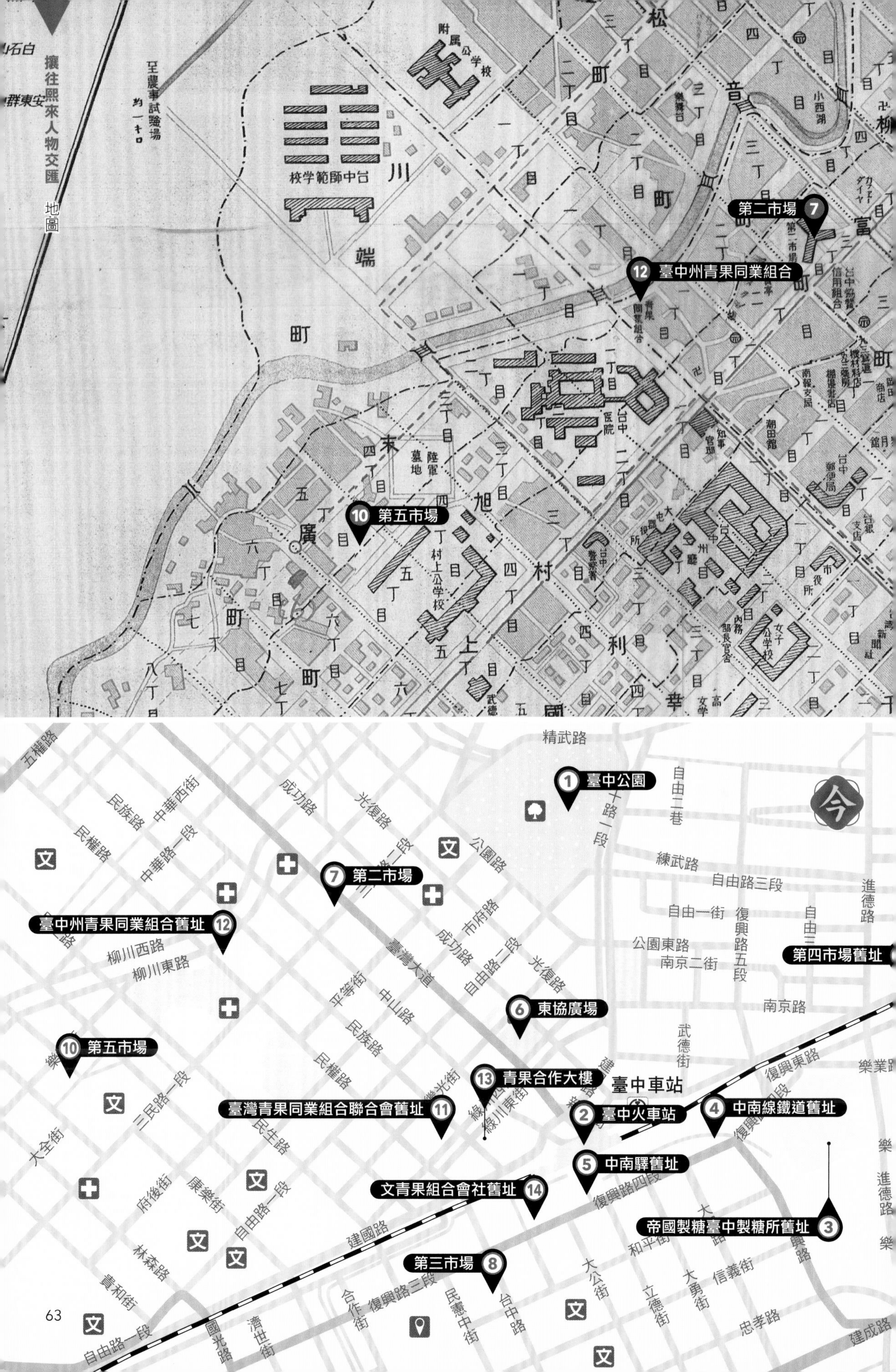

第二市場 7
12 臺中州青果同業組合
10 第五市場
台中師範学校
附属公学校
至農事試驗場 約一キロ
台中州廳
台中醫院
村上公学校
女子公学校
台中郵便局
市役所
今
1 臺中公園
7 第二市場
臺中州青果同業組合舊址 12
10 第五市場
6 東協廣場
13 青果合作大樓
臺灣青果同業組合聯合會舊址 11
臺中車站
2 臺中火車站
4 中南線鐵道舊址
5 中南驛舊址
文青果組合會社舊址 14
帝國製糖臺中製糖所舊址 3
第三市場 8
第四市場舊址
精武路
五權路
民族路
中華西街
民權路
中華路一段
成功路
光復路
公園路
市府路
自由路一段
臺灣大道
平等街
中山路
柳川西路
柳川東路
三民路一段
大全街
府後街
康樂街
民生路
自由路二段
建國路
林森路
貴和街
自由路一段
國光路
濟世街
合作街
復興路三段
民憲中街
台中路
大公街
立德街
大勇街
信義街
忠孝路
建成路
和平街
復興路四段
復興東路
武德街
南京路
南京二街
公園東路
自由一街
復興路五段
練武路
自由路三段
自由二巷
進德路
樂業路

文／張文昌

翻開一頁梧棲興衰史

五汊、新高到臺中港的開發

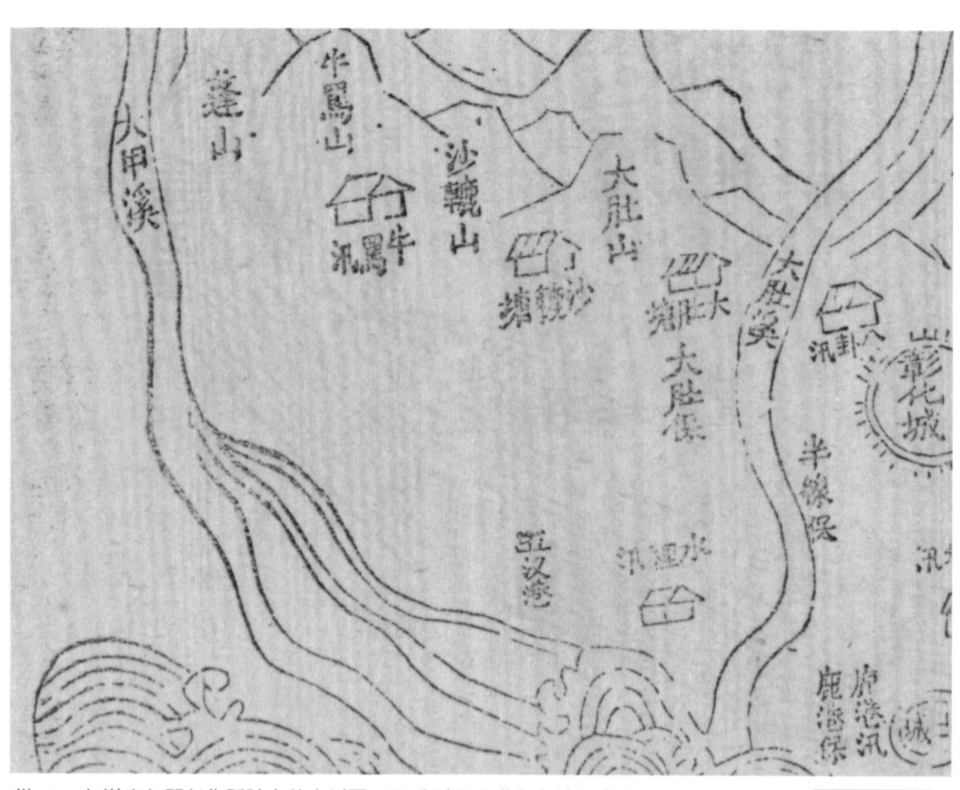

從1836年道光年間彰化縣誌上的山川圖，可看到五汊港與海線各庄的關係。 圖目錄B－11

作為一九七〇年代十大建設之一，也是今日臺灣中部地區最重要港口的「臺中港」，港埠位置地處臺中市清水、梧棲、龍井三區，可是習慣上都會將臺中港所在地標示在梧棲。其原因不僅是臺中港的管理單位——臺灣港務公司臺中分公司（前身為交通部臺中港務局）位在梧棲，梧棲自身發展的過往記憶，更是一頁滿載滄桑歲月的港口歷史。

鳳非梧不棲、淤積定興衰

梧棲的舊名有許多典故，包括因昔日港口發展致竹筏雲集而稱「竹筏穴」，或因牛罵頭溪在此分成五條支流入海而稱「五汊港」，又因地理位置處於清水鰲峰山之西而稱「鰲西」等。現今「梧棲」之名，則是在光緒十七（一八九一）年間，文人引《莊子．秋水》篇「鳳非梧不棲，非靈泉不飲，非竹實不食」之文，取舊名之近音雅化而成。

根據族譜資料，早在鄭氏時期，福

建渡臺移民便曾經在梧棲上岸。有記載清康熙中葉有移民在梧棲屯墾，但人數不多。雍正年間則已出現漢人墾地耕作、養殖漁產的文獻。乾隆三十五（一七七〇）年時，梧棲與對岸福建獺窟間互有帆船往來，海上貿易也逐年增加，吸引不少商人前來設立行棧。遲至乾隆末期，梧棲已初具港口街市的雛形。

道光年間，中部各港口如鹿港等，陸續因河道泥沙淤積而使航運功能衰退，五汊港相對商務日漸鼎盛，加上中部的樟腦多由此地出口，於是五汊港一躍成為當時中部帆船貿易的樞紐。當時五汊港街道行郊貨棧林立，航運與陸路交通繁忙，作為大甲溪與大肚溪間廣大地域的貨物吞吐口，街景榮華，盛極一時。

但到了同治年間，五汊港因泥沙淤積，大型船舶必須停靠南方的安良港（今梧棲區永安里）與大肚溪口的塗葛堀港（今龍井區麗水里），梧棲街市的榮景逐漸消逝，僅能依靠小船駁運，勉強維持港務機能。

日治時期，梧棲港於明治三十一（一八九八）年列入「特別輸出入港」，成為與對岸貿易的特許港口。但是梧棲港口條件不佳，復因南北縱貫鐵路，以及基隆、高雄南北二大港口的建設完成，再加上當時日本與中國的對立日益加深，梧棲港與中國貿易量大幅減少，而在昭和七（一九三二）年，「特別輸出入港」的建置遭到撤銷。

新高市之夢、鐵路電力齊開發

不過隨著日本西進與南進政策發展的需要，臺灣中部擁有豐富的資源可供開發，在中部築港的需求漸被重視。一九三八年，臺灣總督府發佈「梧棲築港計劃」，希望將梧棲港擴充成為囊括工、商、漁業綜合性機能的新港。昭和十四（一九三九）年，更將此案定名為「新高港」❶計畫，並設立「中部港築港工事事務所」，並於九月舉行築港的開工典禮，由臺灣

❶ 新高港

中部新高港築港開工典禮會場，矗立著牌樓與旗幟飄揚，當時不論政府或人民都期盼著新高港理想的未來。

圖目錄M－4

位置請對照p.69的地圖

為慶祝築港工程開工，舉辦多項慶祝活動，除了藝閣遊行外，還有馬拉松競賽，圖為五鄉鎮馬拉松選手，包含大甲、清水、梧棲、沙鹿、龍井的代表，此五鄉鎮也是原本預計成立的新高市合併街庄。

圖目錄M－4

1939年9月梧棲開築新高港，圖為開工典禮會場，由當時總督小林躋造主持。
圖目錄M－4

總督府小林躋造總督親自主持。當時梧棲街還特別舉辦多項運動會與藝閣遊行等活動，慶祝新高港工程動工。為配合築港工程，總督府交通局亦規畫修建「新高築港專用鐵道」，以供築港運輸之用。

一九四〇年，總督府更進一步公佈了新高港市的建設計畫，成立「新高都市開發株式會社」，規畫劃將大甲、清水、梧棲、沙鹿、龍井等街庄合併成「新高市」，未來的定位是發展成工業城市。工業建設與設施運作所需的電力，則是透過開發大甲溪的水力發電來供應。

如此龐大港市計畫的執行，在太平洋戰爭爆發後就已出現隱憂，終於在一九四四年因財力不繼而告中斷。戰後民國三十四（一九四五）年至三十八（一九四九）年間，梧棲街因與大陸貿易交流的復振，曾再次重現繁榮光景，政府也一度考慮復建港口工程，但因國共戰爭而作罷。之後整個新高港市的計畫並未再獲檢視與延續，一直要到一九七〇年代十大建設時，才又再另案規畫，重新建造「臺中港」。

整個新高港市計畫雖遭中止，但部分建設項目仍獲延續。如電力部分，戰後臺灣電力公司利用美援，持續在大甲溪建造水力發電廠，成為臺灣重要的電力來源之一。鐵路部分，日治時期已完成由現今海線臺中港站（舊稱甲南站）❷至梧棲間的鐵道，作為築港工程材料之與土方載運用。該鐵道曾在一九四九年遭到拆除，之後為

1941年1月31日長谷川清總督參訪新高港興建工程。
圖目錄B－2

1942年11月4日，長谷川清總督視察新高市預定地規劃狀態。
圖目錄B－2

❹ 梧棲街

1935年中部大地震又稱屯子腳大地震，海線災情慘重，有無數房舍倒塌，這場地震也促使日本政府執行市區改正計畫。現在梧棲老街已經看不到海，但依然可看到1935年中部大地震後興建的樓房，多為二層樓混凝土洋房建築。

圖目錄B－3

了興建臺中港才又重新鋪軌，並行駛至今，成為現在的臺中港支線❸。但此支線沒有開辦客運業務，故臺中港支線並不受重視。至於原先預定修建由龍井至梧棲的鐵道路線，迄今仍未完成。

臺中港特定區、發展還是緊箍？

戰後臺中地區的地方官員與民意代表，不斷呼籲在臺中興築港口，以因應中部發展的需要。在經過多年的探勘評估後，終在民國一九七〇年成立「臺中港建設委員會」，一九七三年正式動工，一九七六年完成第一期工程。並於一九七二年同時公告「臺中港特定區計畫」，將梧棲、清水、沙鹿、龍井等鄉鎮畫歸「特定區」，預定建設成港市合一之新市鎮，市中心主要規畫在梧棲、清水、沙鹿的交界區域。

從五汊港、梧棲港、新高港到臺中港，梧棲多是以港口的面貌與形象呈現在世人面前。因為興築臺中港。大

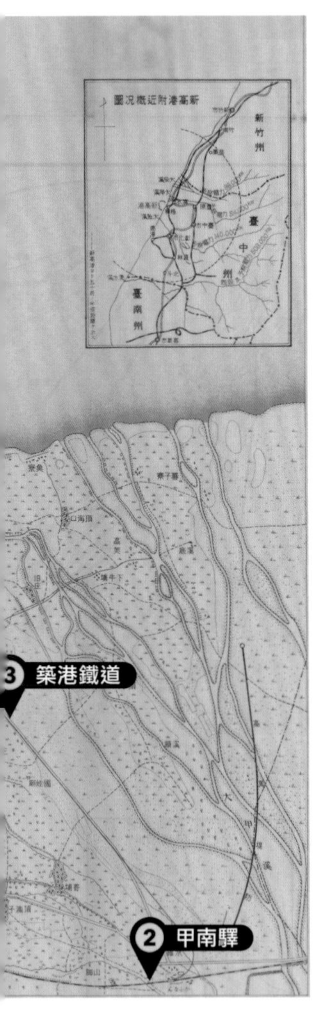

3 築港鐵道

臺中港支線的鐵道，前身是為了運送新高港興建所用的工程材料跟土方所建造。現在則作為貨運使用。

圖目錄M－9

規模填海造港的結果，港區碼頭與梧棲老街④間已有相當的距離，原先離梧棲市街不遠的海岸線，早已消失在梧棲人的視界中。

「臺中港特定區」的規畫，並沒有為梧棲開創出嶄新風貌。建商為搭臺中港的順風車，在梧棲興築許多商場大樓與舶來品商店街，讓梧棲出現短暫的購物熱潮。可是「特定區」計畫的推行後繼乏力，港口業務未能如願成長，以及種種都市計畫的限制，反倒成為梧棲發展的緊箍咒。

半世紀以來，梧棲並未再現昔日船舶繁忙，貿易榮盛的市況。現在的梧棲老街，一如過往的幽靜，僅海鮮餐廳門庭熱絡；老街外「特定區」的重畫街廓，多數仍屬荒煙蔓草，或是成為閒置貨櫃的堆置場；搭臺中港風潮而設立的舶來品商店街，現因整體市況不佳，門前來客寂寥，甚至店去樓空，令人不勝唏噓。

2 甲南驛

臺中港車站舊稱甲南車站，雖以港命名，但不靠海，有一臺中港支線開往臺中港，為貨運專用列車。

最近因為政策的推動，包括設置暢貨中心、中客中轉與遊輪停泊等議題，讓梧棲再度憑藉港口之姿，成為未來計畫中的發展熱點。尋繹梧棲百年來的港口發展與歷史滄桑，曾經輝煌一時，也歷經過興衰起伏。撫古思今，梧棲是否能夠再現帆船雲集、商務繁盛的榮景？讓人拭目以待。

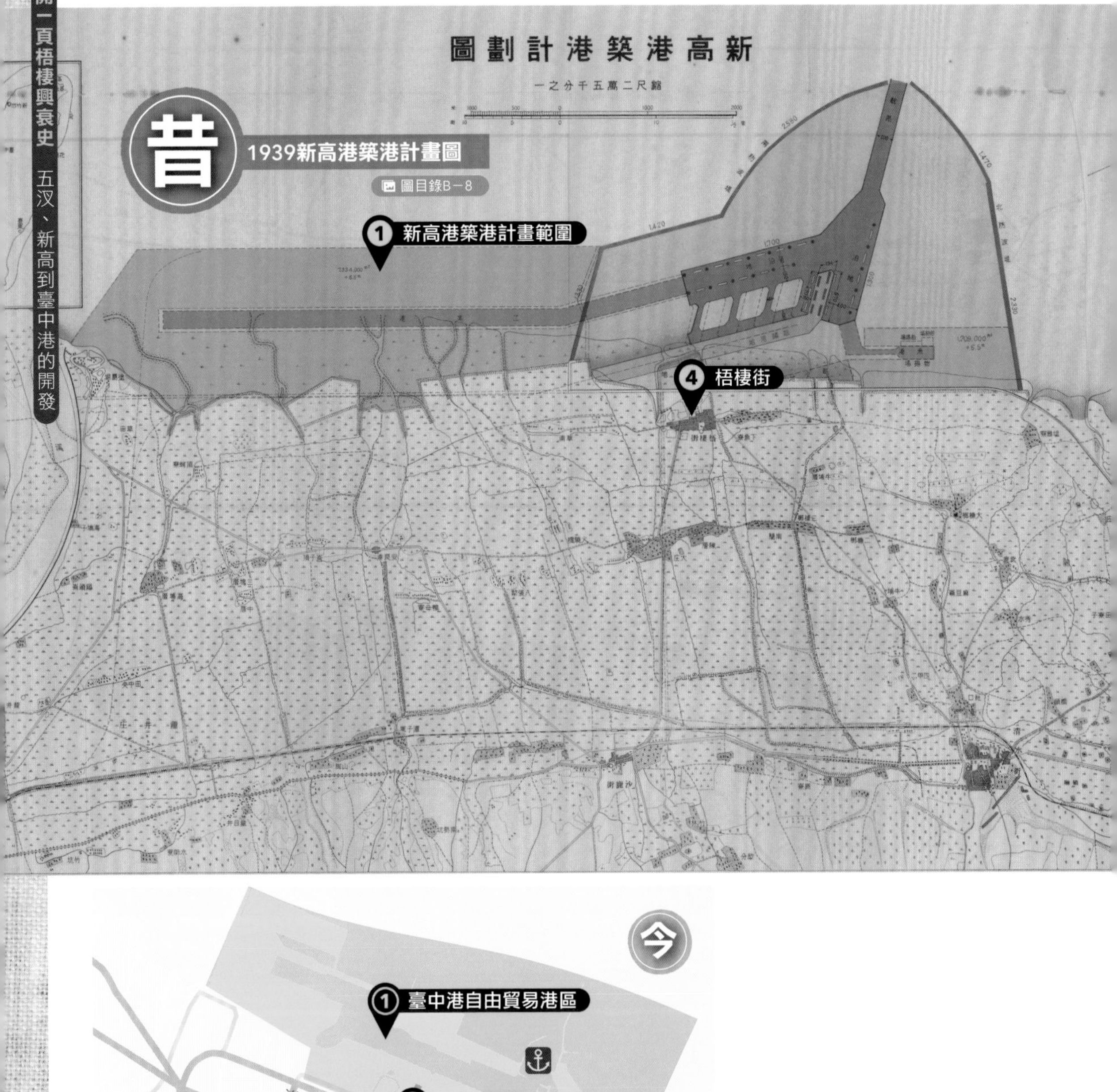
新高港築港計劃圖
縮尺二萬五千分之一
昔
1939新高港築港計畫圖
圖目錄B－8
① 新高港築港計畫範圍
④ 梧棲街

今
① 臺中港自由貿易港區
④ 梧棲老街
港南路一段
臨港路二段
港埠路二段
中華路二段
龍井車站
沙鹿車站
清水車站
臺中港支線 ③
臨海路
中華北路
中清路
中航路
中星路
臺中港車站 ②
臺中港車站

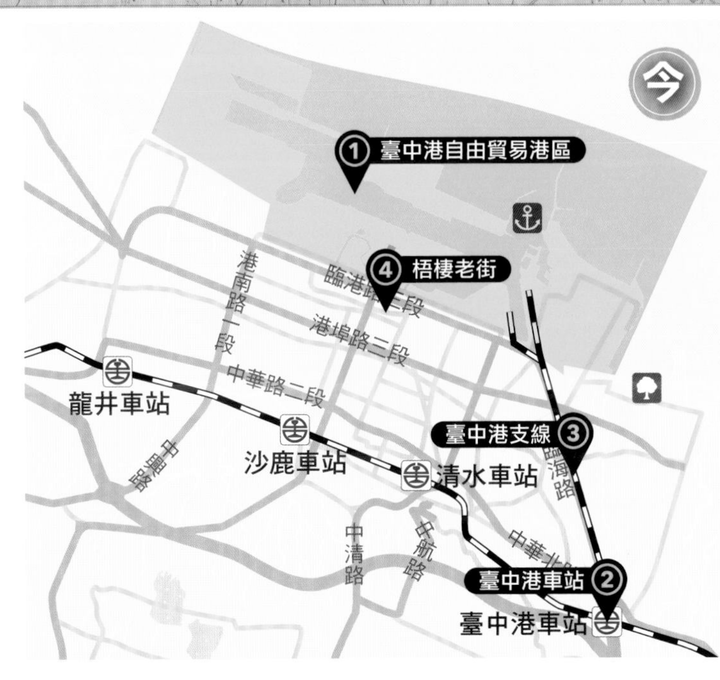

時代之隙
氣象革新

如流星般劃過時空的人們，
燃燒青春，寫下一頁繽紛風華。

霧峰一新會義賣活動照。

時代新女性

臺灣第一位女醫師蔡阿信

文／陳力航

相較於過去，女性在醫療上的參與可以說是越來越普遍。除了不難在各大醫院看見女醫師們奮鬥的身影外，由女醫師擔任院長、或是標榜由女醫師診治的婦產科醫院也不少見。不過，即便是在男女逐漸平權、女性在醫療參與上逐漸普及的現代，日常生活、職場上或多或少都還存有性別刻板印象或歧視女性的文化。

試想近百年前，臺灣女性剛從纏足的束縛當中解脫，社會上對女性的認知仍然處於前近代時期，而臺灣第一位女醫師，卻也是在這樣的時代下誕生。本文要談的，就是臺灣第一位女醫師蔡阿信以及她的生命故事。

養女出身，時代前鋒

蔡阿信原本生於新竹的林姓人家，因生父早逝，原生家庭將阿信送往大稻埕一戶蔡姓人家當養女。大家聽到「養女」一詞，或許腦中就會浮現鄉土劇中所出現的各種弱勢、悲劇、不自由，被迫與自己不喜歡的男性結爲連理的可憐形象，但幸運的是蔡阿信與傳統養女的命運有所不同，受到養父母疼愛。

阿信的養父雖然在她十四歲時過世，但養母莊阿淡擅於持家，對阿信與妹妹蔡阿妙的教育相當開明，莊阿淡本身也是在大稻埕舊媽祖宮後街執業的助產士。養母擔任助產士的收入，再加上蔡父的數千圓遺產，母女三人生活也不至於困窘。

阿信原先就讀大稻埕公學校，其後轉往淡水女學校就讀。阿信在學期間的成績優異，也讓師長對她刮目相看。幸運的是阿信也未如同時代的女性因爲傳統觀念與社會壓力而被迫失學。一九一四

《臺灣官紳年鑑》上的蔡阿信

圖目錄D－10

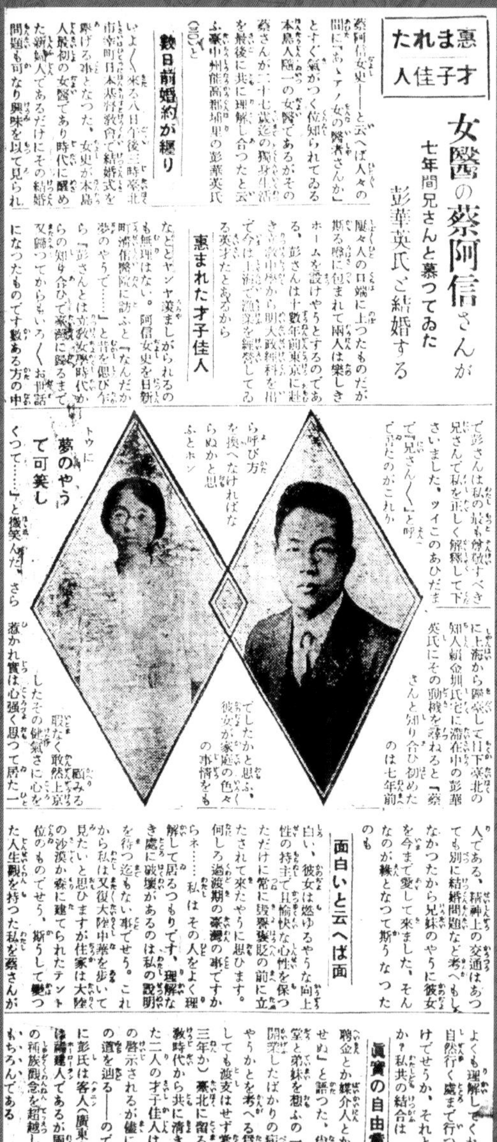

惠まれた才子佳人

女醫の蔡阿信さんが
七年間兄さんと慕つてゐた
彭華英氏と結婚する

蔡阿信女史——と云へば人々の間に『あゝアノ女の醫者さんか』とすぐ氣がつく位知られてゐる本島人唯一の女醫であるがその蔡さんが二十七歳迄の獨身生活を最後に共に理解し合つた台中州能高郡埔里の彭華英氏(三〇)と

數日前婚約が纏り

いよいよ來る八日午後三時臺北市幸町日本基督教會で結婚式を舉げる事となつた、女史が本島人最初の女醫であり時代に醒めた新婦人であるだけにその結婚問題も可なり興味を以て見られ隨々人の口端に上つたものだが斯る噂に包まれて兩人は樂しきホームを設けやうとするのである、彭さんは十數年前東京に赴き明治大學中學から明大政經科を出て今は上海で藥業を經營してゐる英才たとあるから

惠まれた才子佳人

などとヤンヤ羨ましがられるのも無理はない。阿信女史を日新町濟衆醫院に訪ふと『なんだか夢のやうで……』と昔を偲び乍ら『彭さんとは立教女學時代からの知り合ひで藥學に歸るまで又歸つてからもいろいろお世話になつたものです數ある方の中で彭さんは私の最も尊敬すべき兄さんで私を正しく解釋して下さいました、ツイこのあひだまで『兄さんく』と呼んでゐたのがこれから呼び方を換へなければならぬかと思ふとホントウに夢のやうで可笑しくつて……』と微笑んだ、さら

に上海から歸臺して目下臺北の知人賴金圳氏宅に滯在中の彭華英氏にその動機を尋ねると『蔡さんと知り合ひ初めたのは七年前でしたかと思ふ、彼女が家庭の色々の事情をも顧みる暇なく敢然上京したその健氣さに心を惹かれ實は心強く思つて居た一人である、精神上の交通はあつても別に結婚問題など考へもしなかつたから兄妹のやうに彼女を今まで愛して來ました、そんなのが緣となつて斯うなつたのも

面白いと云へば面

白い、彼女は燃ゆるやうな向上性の持主で且愉快な心性を保つただけに常に毀譽褒貶の前に立たされて來たやうに思ひます。何しろ過渡期の臺灣の事ですからネ……私はその人をよく理解して居るつもりです、理解なき處に破壞があるのは私の說明を待つ迄もない事でせう。これから私は又復大陸中華を歩いて見たいと思ひますが住家は大陸の沙漠か森に建てられたテント位のものでせう、斯うして變つた人生觀を持つた私を蔡さんがよくも理解してくれた自然行く處まで行つたけでせうか、それとも?私共の結合は

眞實の自由意思

聘金とか媒介人とか更せぬ」と語つた、尚彭……堂と弟妹を想ふの一念……開業したばかりの病院……やうかとを考へる爲め……しても渡支はせず當分(三年か)臺北に留ると……教時代から共に清き……た二人の才子佳人は……の啓示されるが儘に新の道を辿る——のであ……に彭氏は客人(廣東人)福建人であるが兩氏の種族觀念を超越してゐるのはもちろんである

臺灣日日新報上關於蔡阿信與彭華英結婚的報導。

圖目錄L－1

“他們沒有聘金、也無媒人，跨越閩南與客家的界線，出於自由意志的結婚。——《臺灣日日新報》報導”

年三月廿八日，淡水基督教女學校舉行畢業典禮，阿信在典禮上全程以英文致詞，令在座來賓爲之驚豔。同時，阿信留日習醫的意願，也隨著《臺灣日日新報》的報導而廣爲大眾所知。

阿信在臺灣總督府醫學校校長高木友枝的夫人與淡水女學校師長的介紹下，先在東京立教高等女學校完成兩年學業，接著考入東京女子醫學專門學校。一九一六年六月，《朝日新聞》也曾以專文介紹這位來自殖民地臺灣的女性。

一九二一年，阿信自東京女子醫專畢業返臺後，爲了累積臨床經驗，先後在總督府立臺北醫院、赤十字醫院擔任醫師。在此之前，許多不管是畢業自總督府醫學校，或者是從日本學成返臺的醫師，多少都有在地方醫院，或者是母校附設醫院磨練臨床經驗的經歷。阿信這樣的選擇其實不是特例，以與阿信熟識的蔣渭水爲例，蔣氏在總督府醫學校畢業後，也先回到故鄉宜蘭醫院服務，再自行出外開業。

一九二四年初，阿信決定在大稻埕朝陽街開設婦產科清信醫院。對於當時的臺灣女性而言，這其實是個劃時代的事件：第一間由臺灣女性所主掌的婦產科醫院終於誕生。同年十一月八日，蔡阿信與在立教時期認識的彭華英在臺北市幸町的日本基督教會舉行結婚典禮，《臺灣日日新報》也以專文報導兩人婚事。婚後，蔡阿信隨彭華英前往中國生活一段時間。

臺中助產冠全臺

那麼，阿信是在什麼樣的機緣下來到臺中呢？由於臺北的煤煙常使具有氣喘病史的蔡阿信發病，為了健康著想。蔡阿信幾經思量，決定在將醫院轉移到臺中。東方白根據蔡阿信口述記錄所寫成的小說《浪淘沙》的描述：「據朋友說臺中是一個新興的都市，街路都是新開闢的通衢大道，道路的兩旁都種有綠茵大樹，空氣新鮮，環境優美，正是雅信養病開業的地方」，文中的雅信就是阿信的化身，而雅信養病的場所就在綠意盎然的綠川旁❶。

根據《臺灣人士鑑》文獻紀錄，一九二六年六月，蔡阿信將清信醫院遷移至臺中大正町二之四番地。而《浪淘沙》中也描述：「在臺中公園的附近，向林獻堂的近親租下了一間大厝，經過一番翻修與整頓，正式開業做起婦產科醫生來。」對於中部女性而言，專治婦產科的清信醫院開設，的確是一大福音，也因此阿信的醫院總是門庭若市。

隔年，她又在臺中市錦町五之六十番地設立產婆學校。由於養母莊阿淡就是助產士，從小耳濡目染之下，她自然也理解到助產士對臺灣社會的重要性。其後，蔡阿信曾在一九二八到二九年間將醫院再遷往橘町一之十二番地，而一九三一年六月十三日，林獻堂也在蔡阿信的帶領下參觀了新建築的清信醫院❷。

不過，或許大部分的人只知道蔡阿信在臺中開設醫院與產婆學校，除此之外，蔡阿信在臺中還留下什麼樣的行跡呢？事實上，從許多資料來看，在臺中的這段期間，可以說是阿信醫師生涯的高峰。由於醫師在日治時期屬於社會領導階層，許多總督府醫學校出身的醫生們，回到自己故鄉開業時，或多或少都會應總督府之聘，擔任一些地方上具有社會服務性質的無給職工作。而阿信本身所具有的醫生、女性身分，又使得阿信在地方的公共參與，相對於其他社會領導階層而言來得更多元化。其中尤以女性、醫療衛生為主。

社會事業先鋒

一九三〇年十月十日，婦女親睦會在臺中州興業信用組合❸二樓舉行發會式，會員一共有六十三名，除了蔡阿信是開業醫師之外，成員大多是臺中地方仕紳的夫人，如謝綺蘭（陳炘夫人）、郭希韞（陳逢源夫人）等，霧峰林家亦

蔡阿信被聘為社會事業講習會的講師，此活動在臺中市民館舉辦。可看出當時的政府大力推廣社會醫療與保健衛生的觀念。

圖目錄E－2

今&昔

位置請對照p.84－85的地圖

昔

今

1 綠川

臺中綠川綠茵盎然的樣貌，讓人可以想像當年空氣新鮮、環境優美的狀態。

圖目錄N－1

2 清信醫院

昭和9至10年清信產婆講習所活動紀念照。

圖目錄B－3

圖目錄B－3

昔

3 臺中州興業信用組合

做為臺中工商業會員們資金流通的一個管道，在戰後改名為第一信用組合，並改建為大樓，2001年被合作金庫銀行合併後，第一信用合作社消失，此大樓也跟著荒廢。

圖目錄D－9

今

有女性參加，楊水心（林獻堂夫人）也是臺中婦女親睦會的成員。婦女親睦會是具有俱樂部性質的聯誼組織，成員們在此會聯絡感情，彼此交換日常生活與學習的心得，顯示當時的臺中中上階層婦女已經形成共同的交流空間。

醫療衛生的部分，阿信也擔任臺中產婆養成講習會、臺中州街庄吏員講習會、社會事業講習會、乳幼兒保護會的講師，爲民衆講解婦幼相關知識。講習會舉行的地點，不是在臺中市民館❹，就在日本基督教會堂❺。

此外，臺灣總督府任命蔡阿信爲方面委員、婦女教化委員。方面委員具社會福利性質，功用在於爲民衆服務，也因此擔任的大多是地方具有名望與經濟富裕的人士。一九三六年五月十二日，臺中州知事官邸❻舉行婦女教化懇談會，阿信也以婦女教化委員的身分出席，並針對婦女的教化、生活改善、普及日語等給予意見。

其後，阿信因爲戰爭的緣故而離開臺灣，一直到戰後才返回臺中，不過此時的臺中已非一九二〇、一九三〇年代的臺中了，戰爭所帶來的凋敝，加上戰後一段時間的動盪，也都在在影響清信醫院的經營。在阿信的人生當中，從二十八歲那年將醫院遷來臺中，到三十九歲時被迫離開臺灣，返回臺中已是四十八歲，沒料到五十五歲時又再因爲國籍問題，被迫遠走他鄉。前前後後雖然在阿信的生命史當中只占不到四分之一，卻是她發展醫療事業、經營兩段婚姻（一九二四－一九三三彭華英、一九四九－一九五三吉卜生）與家庭生活的重要時期。相對的，臺中因爲阿信的來到，不僅降低婦女分娩時的死亡率，許多女性也因爲清信產婆學校，而有了事業的一片天。

“臺中因為阿信的來到，降低了婦女分娩時的死亡率，許多女性也因為清信產婆學校，而有了事業的一片天。”

5 日本基督教會堂

現在的民族路教會，就是過去日本基督教會堂的所在地。

今&昔

位置請對照p.84－85的地圖

4 臺中市民館

臺中市民館作為一般市民可使用的休憩、娛樂場所，也常舉辦一些講習會活動。

今

圖目錄B－2

6 臺中州知事官邸

臺中州知事官邸在1972年改建為臺中市議會大樓，後又改為臺中市政府交通局所在地。

菁英搖籃

第一所臺灣人讀的中學校

在升學考試競爭下，「一中」、「一女」總是公認的第一志願。然而若是穿越時空回到日治時期，就讀「一中」的學生，九成以上是日本學生，臺灣學生則多半選擇報考較多臺人就讀的「二中」。唯一的例外，是全臺第一所由臺灣人募資籌建的臺中第一中學校，也就是如今的臺中一中。

升學好難！不是教書，就是技工？

清代臺灣教育分爲以科舉爲目標的公立儒學、地方政府或私設書院；以及啓蒙教育性質的社學、義學與私塾兩大類。當時的臺中市內未設儒學，僅有光緒十五年設立的宏文書院與若干社學。日治初期，總督府在臺灣廣設國語傳習所及國語學校教授日語。一八九八年，國語傳習所全面改設爲六年制公學校，招收本島人學生，與日人就讀的小學校涇渭分明。公學校除了國語（日文）、漢文、算數等學科外，也有唱歌、體操及爲女子所設的裁縫課。

然而，臺籍學生的升學管道卻比日本學生狹窄得多。爲臺人開設的高等教育只有總督府國語學校的國語部與實業部，前者教授日文，培育教育人才；後者則以農業、鐵道等技術課程爲主。相當於今日國、高中的中學校，僅收小學校畢業的日籍學生。公學校畢業的臺籍學生，若想繼續深造，就得遠赴日本求學。本島人升學的侷限，也促使林獻堂與辜顯榮等仕紳興起自行辦學的念頭。

臺中第一中學校學生上課的模樣。 圖目錄C－1

今&昔

位置請對照p.84－85的地圖

7 臺中第一中學校

1915年成立的臺中一中，是第一所由臺灣人創辦的中學校，校門口變化甚大。

圖目錄C－6

群眾募資的力量：第一所臺灣人的中學校

一九一三年，辜顯榮等有志者向佐久間總督請願，願募捐校舍建地及其他費用，希望臺中廳能設立私立中等教育機關。日本政府起初不願採納，認爲臺人若提升知識水準，將會難以統治，應將重點放在實業教育，培養技術勞力。然而，爲拉攏人才，也避免臺籍青年轉赴中國留學，最後還是答應設立中學校。一九一四年，捐獻者以林烈堂、辜顯榮等爲代表，共募集到二十四萬餘圓，並於隔年正式開學，校名「臺灣公立臺中中學校」❼，第一屆招收一百人，校舍則在一九一七年冬天完工。捐獻者不只限於中部望族，更包含基隆顏雲年、板橋林熊徵、清水蔡蓮舫、高雄陳中和與不少櫟社成員，可以說是集全臺富豪之力才得以創立。

然而，臺灣學生很快發現，臺中中學校的修業年限爲四年，相較於總督府在臺北、臺南爲日人設立的兩間五年制中學校少了一年，畢業後將因資格不符，無法報考日本國內的專門學校；而公立中學校的英、數授課時數也少於總督府中學校，教學品質及學生程度都有龐大差距。

> 一中的創立不僅打破臺人升學的狹窄管道，也開啟臺灣人中等教育的大門，培育許多菁英。

位置請對照p.84－85的地圖

8 臺中第二中學校

臺中二中戰後與臺中第二高等女學校在後者校址合併復校，原校地由昔日的臺中農業學校接收，現在則改隸更名為興大附農，建築仍保留完好。

圖目錄C－6

9 臺中高等女學校

臺中第一高女招收日籍女學生比例遠超過本島學生，現為臺中女中。

圖目錄C－6

圖目錄C－6

11 臺中商業學校

臺中商業學校成立於1919年，1920年發動罷課，也踴躍參與臺灣文化協會的活動。現已改制為臺中科技大學。

臺灣子弟讀一中，日本子弟讀二中？

受到一戰後民族自決的風潮感染，加上在臺日人的數量逐年增加，總督府開始認眞檢討臺灣教育政策，並於一九一九年頒布《臺灣教育令》，以同化臺人爲帝國皇民的概念，重新統合臺灣各級教育機關。公立臺中中學校亦在這波改革中改稱爲「公立臺中高等普通學校」，只是修業年限、教學內容的差異仍未改善。

一九二二年，總督府秉持內地延長主義精神，頒布《新臺灣教育令》，以「臺日共學」爲原則，廢除教育上臺、日人的差別待遇，只有初等教育仍維持小學校、公學校的區別。全臺中學校則由三所擴編爲八所，臺中高等普通學校亦改稱爲「臺中州立臺中第一中學」。

中學校的增加，儘管提高了臺灣學生的就學率，在總人數上仍遠不及日人受惠。無論中學校或是同屬中等教育的高等女學校，各地一中、一高女的日本學生仍超過九成；二中、二高女的臺人雖超過日籍學生，比例卻僅在五、六成，不像各地一中的學生比例懸殊。

在各地中學校中，只有臺中一中的臺籍學生占多數，較晚成立的臺中二中則多收日籍學生。因此，總督府曾打算將臺中一中與二中的校名對調，有賴當時校長小豆澤英男的堅持下得以維持。一九二三年裕仁皇太子來臺巡視，在臺中一中接見臺中各中等學校的學生。臺中二中校長主張二中學生多是日本人，應優先接受皇太子的垂詢，小豆澤校長則堅持公平對待臺日學生，最終仍讓學生按校名順序與皇太子見面。臺中一中不僅在臺灣的教育發展占有特殊地位，小豆澤校長對本島人學生的尊重，也讓學生敬重不已。

擠破頭的升學考試

《新臺灣教育令》頒布後，臺中中等教育機構逐漸擴增。公學校畢業後，學生可選擇中學校繼續升學，也可進入師範學校或實業學校。臺中的中學校有臺中一中、二中❽；高等女學校則有臺中高女（今臺中女中）❾、第二高女（戰後與臺中二中合併）❿；實業學校有臺中商業學校（今臺中科技大學）⓫；師範教育則有曾一度關閉，一九二三年重

1940年臺灣中學校中校名分設一、二中的臺、日籍學生分布

	成立年度	臺灣人	日本人
臺北一中	1908	21	958
臺北二中	1922	515	215
臺中一中	1915	760	70
臺中二中	1922	33	540
臺南一中	1914	79	658
臺南二中	1922	663	82
臺北一高女	1904	19	911
臺北二高女	1919	24	868
臺北三高女	1897	741	81
臺中高女*	1921	45	451
臺南一高女	1917	15	500
臺南二高女	1918	507	100

資料來源：臺灣總督府文教局，《臺灣の学校教育》（臺北，1941），頁29-33。
**臺中二高女成立於1941年，未列入統計。
*當地僅設一間的中學校、高等女學校普遍以日籍學生較多，少數特例如彰化高女、蘭陽高女則較多本島人學生。

臺中一中宿舍食堂一景。

圖目錄 B－7

新開設的臺中師範學校（今國立臺中教育大學）⑫。同時，修業年限爲二至三年的實業補習學校也陸續成立，如霧峰林家出資創設的臺中商業專修學校（今新民高中）；女子就讀的實業補習學校則多冠以「家政」、「實踐」之名，如現爲臺中家商的臺中家政女學校。

一九二〇年代起，隨著學校一一成立，躊躇滿志的學生們也躍躍欲試，渴望擠入中等教育的大門，揮灑青春與理想。根據《臺灣日日新報》記載，一九一八年報考臺中一中的學生僅有二三〇名，到了一九二五年，報考臺中一中與臺中商業學校的人數成長至六八〇及四三七人，約爲錄取人數的六與四倍，而一九二七年報考臺中師範學校的學生則高達八七五人，同年錄取人數僅八十名。在霧社事件自殺的賽德克族巡查花岡一郎也是考取臺中師範學校的菁英之一。

自己的尊嚴自己爭 日治時期的臺中學運

儘管日治時期本島教育有所偏頗偏限，臺中一中的創立，除了象徵臺灣人對教育的嚮往，也爲臺灣人的民族意識開了一道窗口。早在野百合學運的七十年前，青春正熾的臺中學生們就曾參與文化協會、關心民族意識的覺醒，在遭受不平待遇時發出怒吼。

日治時期的學運中，持續最長、牽連最廣的一樁是一九二七年五月的臺中一中罷課事件。由於日籍廚夫中村夫妻長期欺壓宿舍學生，坐視老鼠屎混入飯中，學生向舍監反映卻被指責鬧事，因此學生自治會五年級幹部集體辭職抗議，當時的校長下村虎六郎不但准許，還停止學生宿舍自治，聲明絕不會解雇中村。

臺中一中學生社團多樣化，圖爲籃球社。

圖目錄B－7

罷課事件發生期間，《臺灣日日新報》主要批評學生的作為，《臺灣民報》則站在本島人的立場進行比較詳盡的報導。

圖目錄L－2

臺中一中寄宿舍の
炊事長の排斥運動
子供らしい反感か

圖目錄L－4

臺中一中學寮事件
遂に二十一名を
退學處分
屁とも思はず退寮する彼處分者
寮内は破屋同様

圖目錄L－3

無期停學者中
反省した者に
不日登校

「強烈的民族意識與積極向上的進取心，可說是日治時期臺中學生的最佳註腳。」

第三任校長下村虎六郎（1925－1928年在任），也是知名文學家下村湖人，調離臺中一中後任臺北高校校長，任內也曾再度遭遇罷課事件。 圖目錄F

作風開放，為本島學生爭取平等及維持一中校名的第二任校長小豆澤英男（1919－1924年在任）。 圖目錄F

學生的不滿在校長親自住進宿舍監督後爆發。五月八日，學生在宿舍內燃放鞭炮抗議，校長勒令五十多名五年級生退出宿舍，五月十三日，更多學生加入聲援，總共二百六十多人集體罷課。

五月十六日，只有三十名學生到校上課，其餘都加入罷課，也得到校友團體聲援。校方一邊請求警察支援，脅迫家長帶學生返校，又接受妥協派家長的方案，決定將主謀學生分批退學。五月底，妥協派家長開始要求學生返校。學生返校後，發現舍監比以前更加嚴厲，雖再度發起抗爭，卻被報導爲惡作劇、遭到輿論大肆批評，校方也不再理會。

整起罷課案件持續三個多月，共三十六人被退學，部份學生遭到無限期停學處分，實際共有六十多人被牽連。在中國活動的臺灣社運人士張深切等人，返臺募資時被認爲是唆使學生的主謀，也一同遭到拘捕。

罷課事件前，臺中一中學生也曾被洗衣工辱罵「清國奴」，糾集全宿舍同學到洗衣店鬥毆；到基隆畢業旅行時，帶隊老師同樣口稱清國奴，引起學生不滿，並在返校後罷課抗議，不過當時帶隊老師受到小豆澤校長斥責，事件很快平息。

臺中一中之外，一九二〇年臺中商業學校就發動過罷課，隔年臺灣文化協會創立，中商也有六十一名學生參與；一九二八年臺中師範學校因學生講臺語被舍監痛罵而爆發抗議，後來舍監也被勒令道歉調職。

壓抑與展翅高飛的渴望中，臺中一中培育出臺灣首名飛行員謝文達、文學家巫永福、寫下《阮若打開心內的門窗》等經典歌曲的音樂家呂泉生，及政法醫各界菁英，強大的向心力也讓一中學生在二二八事件爆發時挺身護衛校園。直到今日，臺中一中的學生在反課綱微調等學生運動中奮勇發聲，倘若前輩們看見，會不會露出會心一笑呢？

臺中都市計畫圖
縮尺六千分之一

昭和十三年 臺中市都市計畫 自有明町至廣橋子頭 道路及側溝工事箇所圖 (六)

昔 1938 臺中都市計畫圖

圖目錄A

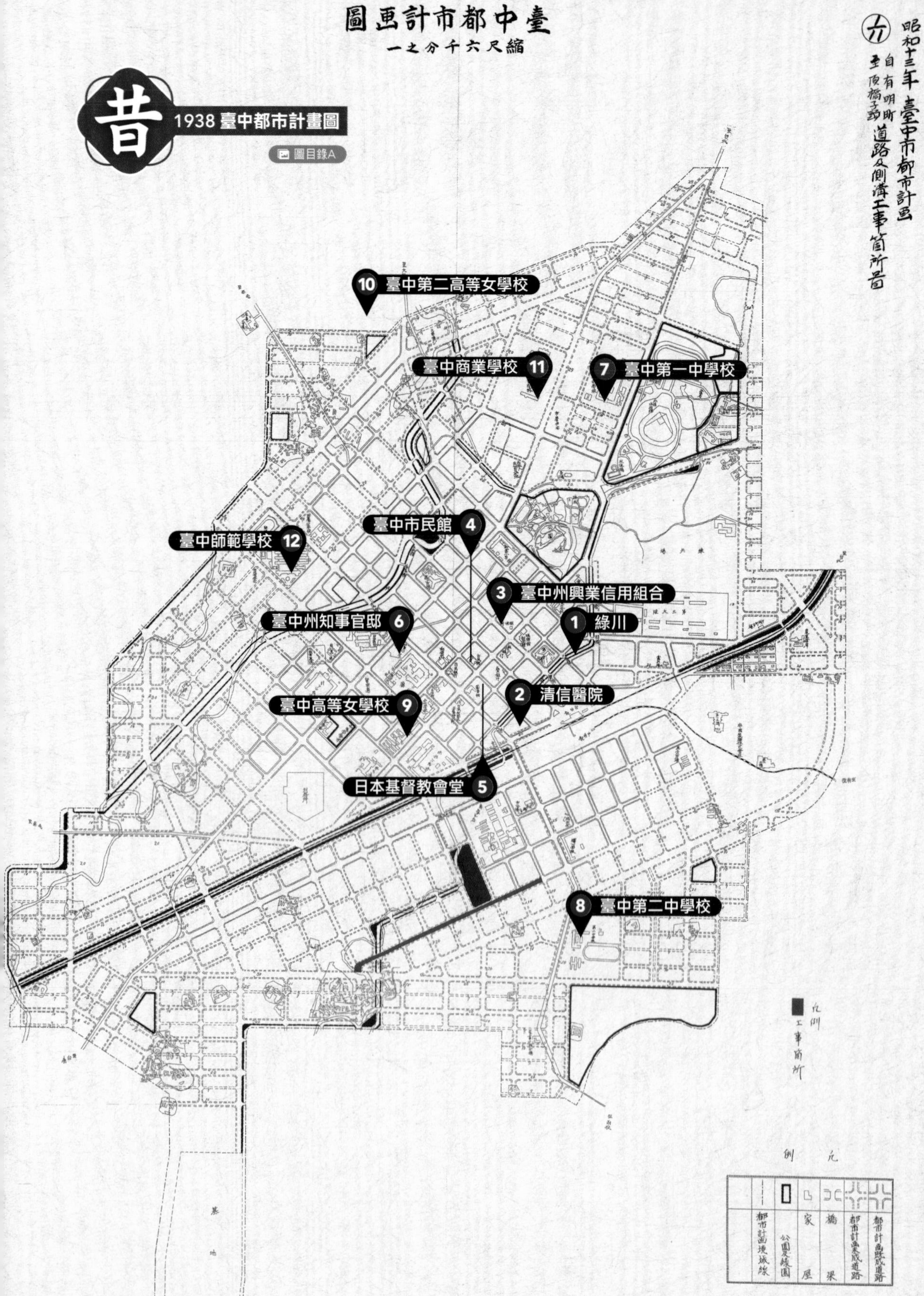

10 臺中第二高等女學校
臺中商業學校 11
7 臺中第一中學校
臺中市民館 4
臺中師範學校 12
3 臺中州興業信用組合
臺中州知事官邸 6
1 綠川
2 清信醫院
臺中高等女學校 9
日本基督教會堂 5
8 臺中第二中學校

凡例
工事箇所

凡例

都市計畫既成道路	都市計畫未成道路	橋梁	家屋	公園及綠園	都市計畫境域線

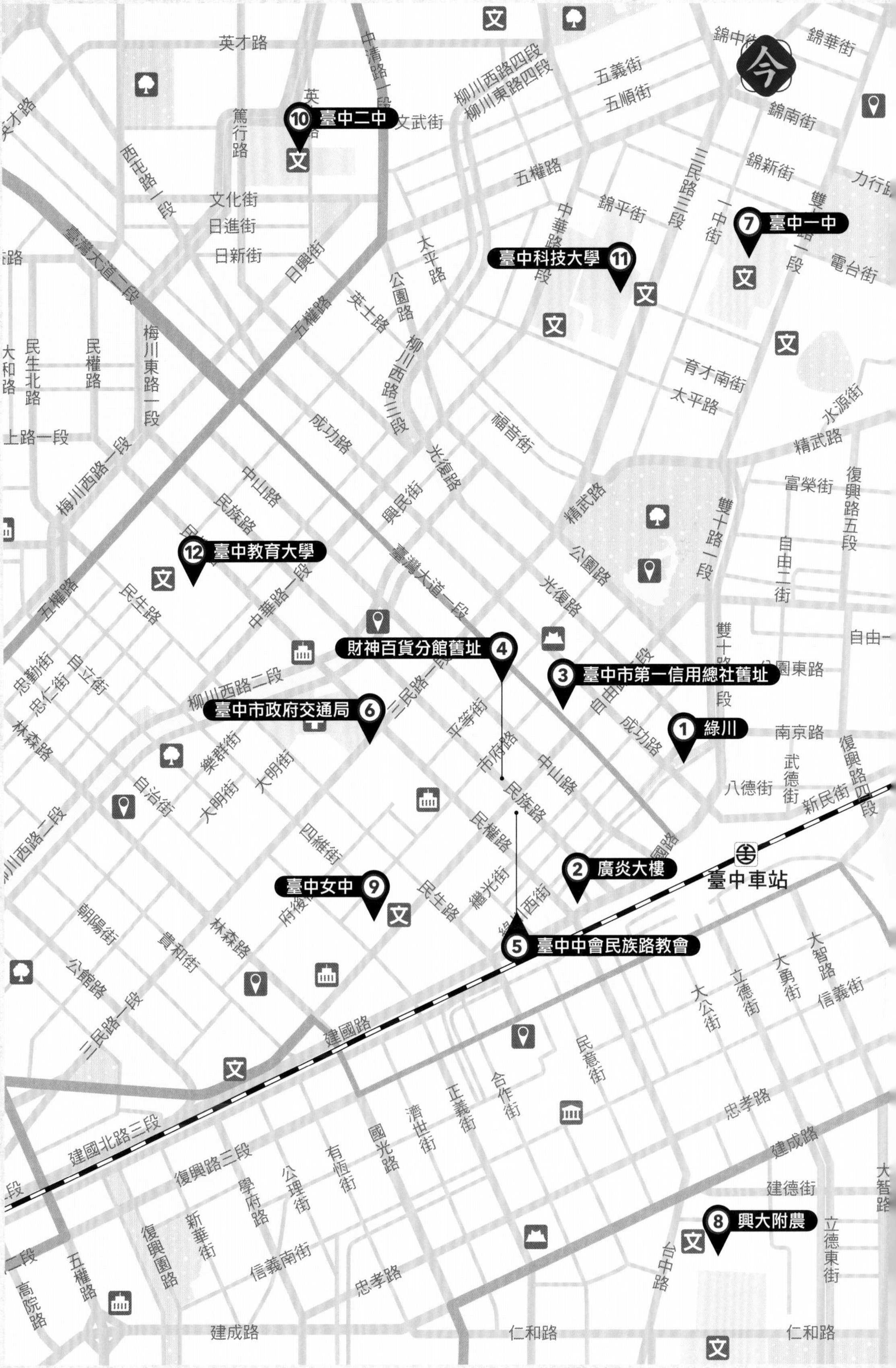

今
1 綠川
2 廣炎大樓
3 臺中市第一信用總社舊址
4 財神百貨分館舊址
5 臺中中會民族路教會
6 臺中市政府交通局
7 臺中一中
8 興大附農
9 臺中女中
10 臺中二中
11 臺中科技大學
12 臺中教育大學
臺中車站
英才路
中清路一段
文武街
篤行路
西屯路一段
文化街
日進街
日新街
日興街
臺灣大道二段
五權路
英士路
公園路
太平路
柳川西路四段
柳川東路四段
五義街
五順街
錦中街
錦華街
錦南街
錦新街
五權路
錦平街
中華路一段
三民路三段
一中街
雙十路二段
電台街
育才南街
太平路
水源街
精武路
富榮街
復興路五段
雙十路一段
自由二街
精武路
公園路
光復路
福音街
光復路
興民街
成功路
柳川西路三段
梅川東路一段
民權路
民生北路
大和路
上路一段
梅川西路一段
中山路
民族路
臺灣大道一段
中華路一段
民生路
五權路
忠勤街
忠仁街
自立街
林森路
柳川西路二段
三民路二段
平等街
市府路
中山路
成功路
公園東路
南京路
八德街
武德街
新民街
復興路四段
樂群街
大明街
自治街
民族路
民權路
四維街
繼光街
民生路
府後街
朝陽街
貴和街
林森路
公館路
三民路一段
建國路
建國北路三段
復興路三段
學府路
公理街
有恆街
國光路
濟世街
正義街
合作街
民意街
大公街
立德街
大勇街
大智路
信義街
忠孝路
建成路
建德街
立德東街
台中路
新華街
復興園路
信義南街
忠孝路
五權路
高院路
建成路
仁和路
仁和路

文／李毓嵐

霧峰一新會

臺中婦女教育與社區營造的開端

圖目錄B－3 這張為一新會舉辦的一次以女性為主的演講會，會後與會人士的合影照。照片中第2排左1坐者為藤井愛子、左8為楊水心、左12為林吳帖，第3排正中央較高者為林關關，而在林關關後面四位男性，由右而左分別為林獻堂、蔡培火、林猶龍、林攀龍。

婦女演講，嘖嘖稱奇

一九三二年，出身大甲外埔的陳瓊琚牧師應邀至霧峰參觀，他在當地看見張貼於路邊與門樓前的「霧峰一新會」演講傳單時，感到非常驚奇，因為傳單上列出的演講者竟然是男女各半。他自認曾跑遍臺灣各地，見慣各地重男輕女的事例，從未見過女性能如此出頭，因此深受感動。同年，在「霧峰一新會」演講的郭朝成牧師，對於該會女性的勇於演講留下深刻的印象，他認為有些霧峰的女性雖然沒讀過多少書，卻能勇敢的輪流上臺，站在幾百名聽眾前演講，真是讓人感動！反觀自己教會中的姊妹，遇到有人邀她當祈禱會的主人，或是主日學的司會，往往堅辭不敢，差距不可以道里計。

一新由來，男女平等

「霧峰一新會」的幕後推手是林獻堂的長子林攀龍，一九三二年二月，

位置請對照p.91的地圖

❶ 霧峰革新青年會館

霧峰革新青年會館地址在原霧峰鄉中正村和平街16號，由會員自行樂捐，傾力籌措2,000餘圓建成（其中林階堂出500圓，林獻堂出300圓及提供土地），1928年11月25日舉行落成典禮。現址為霧峰第一公有菜市場。

❷ 一新會會館

一新會館舊址，原是位於景薰樓對面的林梅堂家屋，現為全聯福利中心。

他結束長期的遊學生涯自歐洲返臺，欲組織一個啟發霧峰文化，提升一般人民智識水準的團體，將霧峰打造成臺灣的模範鄉。此想法得到林獻堂的支持，於同年三月十九日，在霧峰革新青年會館❶舉行「霧峰一新會」成立大會。同時，改建位於霧峰一九七番地林梅堂的家屋，成為一新會與會館❷，並附有圖書室，做為該會的主要活動場域。值得注意的是，由於林獻堂思想開明，具備男女平等的觀念，會員之中不乏女性，根據一九三四年的統計，在五〇三名會員中，男性三四二名，女性占一六一名；在三十人組成的委員（主要幹部）中，女性亦達四分之一。由於女性占有一定比例，該會乃舉辦婦人茶話會、婦女懇親會等寓教於樂的集會，以形形色色的活動啟蒙婦女。

婦女成長 耳目一新

（一）日曜講座

顧名思義，是每週日晚間舉行的演講，地點在霧峰革新青年會館，前後持續長達四年，至少曾舉行二百次。由於每次演講通常都安排一男一女兩位講員，因此女性演講者至少占一半，這在當時保守的臺灣，是極不尋常的現象。上臺的女性演講者主要是該會的女性幹部或會員，例如張月珠、楊水心（林獻堂夫人）、林吳帖等人，偶爾也邀請會外人士，「臺灣

昭和7年，一新會成員與一新會會旗「藍地三角形中一赤心」合影。 圖目錄B－3

日曜講座演題錄目

第一回　昭和七年四月九日
就社會事業而言　林攀龍
促進婦人之精神　張氏月珠

第二回　四月十六日
臺灣新民報日刊發行所感　林猶龍
就新聞事業而言（新聞與社會之關係）　葉榮鐘
妊產婦及初生兒之衛生　王氏水

第三回　四月廿三日
嬰兒死亡之原因及豫防法　洪氏瑞蘭
何以謂之人生與人生觀　林獻堂

第四回　四月三十日
新時代婦人之正道　林氏素英
談目下之世界事情　陳炘

三

二

實先於他種事業也。凡世間作事，鮮能有終，常見一會成立，其宗旨何嘗不堂皇冠冕，然不旋踵，即無形消滅，實因會中少有堅持繼續之人。本講座能繼續至於何年，雖未可知，惟諸幹部及會員進取之精神尚壯，可斷言也。今會中學識兼優者，男女三十餘人為義務講師，雨暘寒暑，繼續不輟，亦既三年矣。使贊之者日多，雖再繼十年可也，三十年亦可也。茲届百五十回，初擬彙集講演原稿，付諸剞劂，但茲事繁複，非一朝一夕所能為功，爰將演題及氏名付梓以作紀念，雖非全豹，要亦可以窺其一斑矣。

一千九百三十五年春　灌園

日曜講座的講題目錄，可從講題目錄中看到，當時上臺演講的女性成員幾乎為一半以上，且演講的題目即使放到現在的年代中也不嫌落伍。

圖目錄B－1

農民組合」的葉陶即來演講過一次。

講題方面，多與婦女有關，首先是新觀念的提倡，例如「男女平等」、「婦女教育之必要」；其次是傳授育嬰之法，例如「妊產婦及初生兒之衛生」、「幼兒之教育」；再來是談及女子的社會責任，例如「新婦人之使命」；此外是旅行心得，例如「香港旅行談」，當時出國不易，此類講題很能吸引大眾。這些議題在一九三〇年代的時空環境下，可謂進步開明，同時兼具實用性。

（二）巡迴講演與通俗講演

巡迴講演是應北溝、萬斗六、坑口、吳厝等村落的會員邀請，由林攀龍帶隊，率領男女講員五、六名至當地開講，彌補當地居民因距離較遠，難以參加日曜講座的遺憾。通俗講演則每月一次，地點在霧峰戲園③。林吳帖曾以「打破迷信」為題登臺演講，她認為臺灣婦女因為過度迷信，以致無心關懷社會事務，久而久之成為社會的負擔，她呼籲婦女及早覺醒，莫在迷信之中白費光陰，應將時間和精力投入社會，以促成社會的進步，此見解獲得輿論的一致好評。

（三）一新義塾

由於林獻堂極為注重漢文的傳承，一九三三年五月十五日，成立「一新義塾」，教授漢文與日文。開塾之日有學員一二六人，其中女子七十餘人，男子四十餘人，女性占多數，「霧峰一新會」許多女性幹部與會員，均報名入學。義塾的課程規劃，是男女學員依程度分為四組上課，研讀漢文、日文，此外，林吳帖教導其他女性學員染布、製造人造花與刺繡；林獻堂之媳藤井愛子傳授洋服裁縫，女性學員因而能習得手工藝的技術。義塾對於課外活動也有所規劃，一九五三年十月，當「始政四十週年

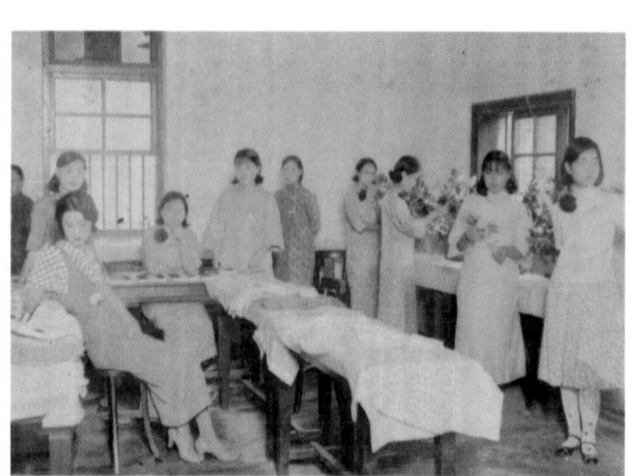

一新會學員於會館內布置的情形，有插花與裁縫作品等，前坐者為林獻堂的二媳婦藤井愛子。

圖目錄B－3

位置請對照p.91的地圖

5 大花廳（霧峰林家花園）

1942年，日本名劇作家松居桃樓來臺擔任臺灣演劇協會主事，參觀霧峰林家的大花廳，與葉榮鐘、莊垂勝、陳炘等當時中部的文化界人士合影。 圖目錄！

今

大花廳位於霧峰林家宮保第園區中，過去是林家宴客、辦喜事、戲劇搬演的聚會場所，也是全臺灣唯一僅存福州式戲樓建築。

3 霧峰戲園

霧峰戲園又稱霧峰劇場或霧峰劇院，位於原霧峰鄉民主街內，1935年11月由林士英創建，為霧峰唯一的劇場。後來改為霧峰戲院，之後轉讓孫玉九、孫玉竹兄弟經營，至1980年代後期結束營業。

記念臺灣博覽會」在臺北舉行時，義塾即安排女學生前往參觀。

林獻堂對義塾極為關心，常不厭其煩親自批改女學生的作文、日記，每逢週日更召集女學員，協助複習一週來之所學，並鼓勵口頭發表讀書報告，其中表現佳者，則安排於「日曜講座」上演說，例如張月珠曾講「五千圓之琴」，隔週立即以相同的題目登上「日曜講座」的講臺。一九三八年義塾結束之前，至少曾有七十四名畢業生，其中女性多達五十一名。

（四）運動會與週年紀念會

運動會一年舉辦一次，最大的特色是婦女的參與。第一屆運動會在霧峰公學校運動場 4 舉行，在楊水心領軍下，共有三十名婦女參加競賽，霧峰林家的家眷也拋頭露面，參加持球競走、提燈競賽等項目，造成轟動。一千五、六百名觀眾中，亦以婦女為多。第二屆運動會亦有女性參加體操、競走、化妝遊行等活動，其盛況更勝第一屆。第三屆運動會則有義塾女學生表演舞蹈和參加遊戲。霧峰女性不分年齡與階級，均同樂於其中。

每年三月十九日，「霧峰一新會」均舉行一連三天的週年紀念活動，在大花廳 5 召開祝賀會與演講會，一新會會館則有書畫、手工藝展覽會，此外，尚有園遊會、花燈比賽、化妝遊行、施放煙火等活動。值得一提的是，展售之手工藝、服裝及園遊會飲食攤位販賣的菜餚點心，均是女性會員的精心傑作，霧峰民眾扶老攜幼前來參觀者絡繹不絕。而化妝遊行列以婦女為先導，裝扮成社會各行各業

4 霧峰公學校運動場

霧峰公學校運動場舊址現在已成為霧峰區公所。

的人士為先導，包括政府官員、法官、商人、民意代表等等，無形中開啟遊行婦女投入社會的雄心。

一新餘韻，照亮臺灣

一九三七年之後由於時局惡化，「霧峰一新會」無疾而終。一九四六年霧峰林家捐地出錢設立臺中縣立霧峰初級中學⑥（位於今霧峰中正路與四德路街口），將霧峰一新會的原有教學設備併入，由林攀龍出任校長。一九四九年改制為臺中縣私立萊園中學，並增辦高中部，仍以林攀龍為校長，一九七六年將校址遷到萊園⑦之內。現在的校名為私立明台高級中學，由林獻堂的孫媳婦林芳瑛女士擔任董事長，辦學聲譽卓著。

回顧「霧峰一新會」的歷史，可以得知早在一九三〇年代初期，霧峰女性便已走出家門，參與演講、運動會等活動，與現今臺灣各地投入社區總體營造工作的女性相較，實不遑多讓。出身該會的女性，不少人日後均有所成就，林吳帖日後當選國大代表、張月珠成為臺中市慎齋堂住持，成為歷史上不容抹滅的一頁。

一新義塾課程中可學習如何裁製洋服，習得一技之長。 圖目錄B－3

⑥ 臺中縣立霧峰初級中學

臺中縣立霧峰初級中學舊址，位於四德路與中正路街口，戰後改名為私立萊園中學。1976年因為中正路車馬紛擾，故遷到萊園之中，也就是現在的私立明台高中。舊址現為住商混合大樓。

萊園

萊園是林家的後花園，依山傍水的設計，景色優雅，櫟社即是在亭子後方的五桂樓聚會。

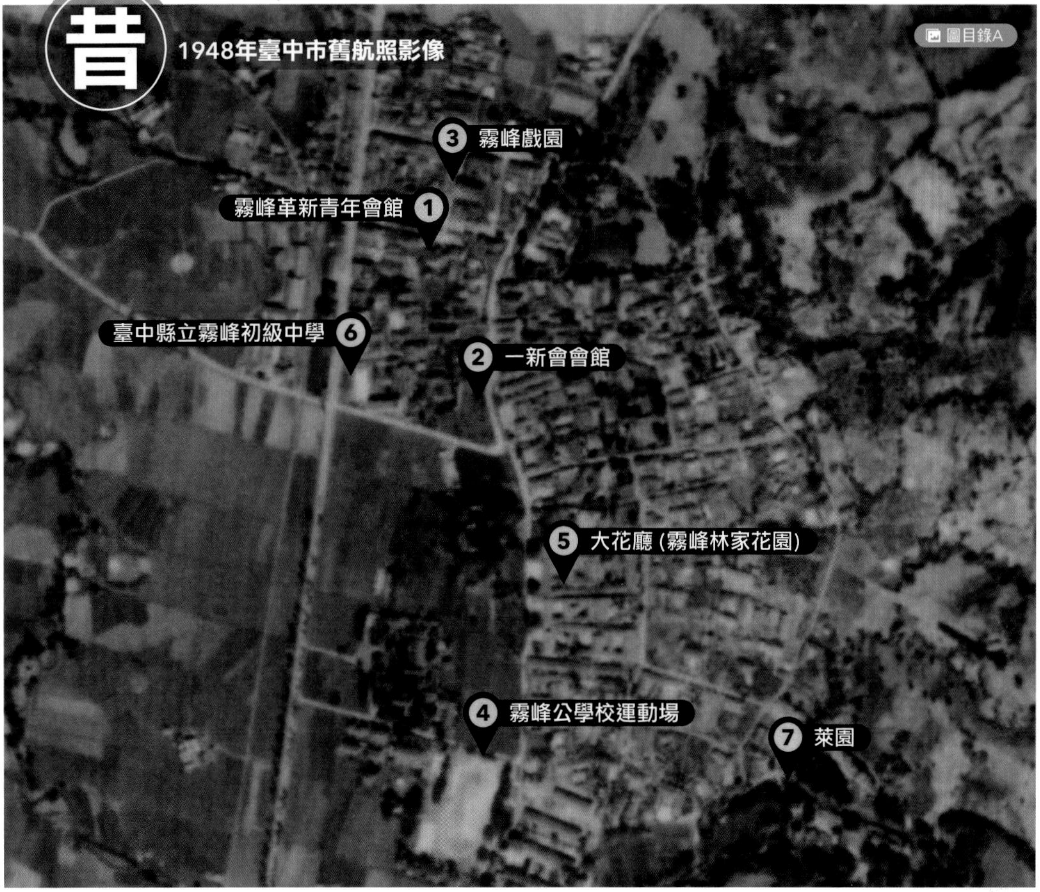
昔
1948年臺中市舊航照影像
圖目錄A
3 霧峰戲園
霧峰革新青年會館 1
臺中縣立霧峰初級中學 6
2 一新會會館
5 大花廳（霧峰林家花園）
4 霧峰公學校運動場
7 萊園

今
3 霧峰戲園舊址
霧峰菜市場 1
臺中縣立霧峰初級中學舊址 6
2 一新會會館舊址
5 大花廳（霧峰林家花園）
霧峰區公所 4
7 萊園
德維街
德泰街
民生路
草湖路
民主街
振祥街
林森路
曾厝街
中正路
振德街
振興街
民權街
成功北街
成功路
四德路
樟公北巷
萊園路
育仁街
樹仁路
園路
林森路
民生路
育智街
文化巷
大同路
樹仁六街
育賢路

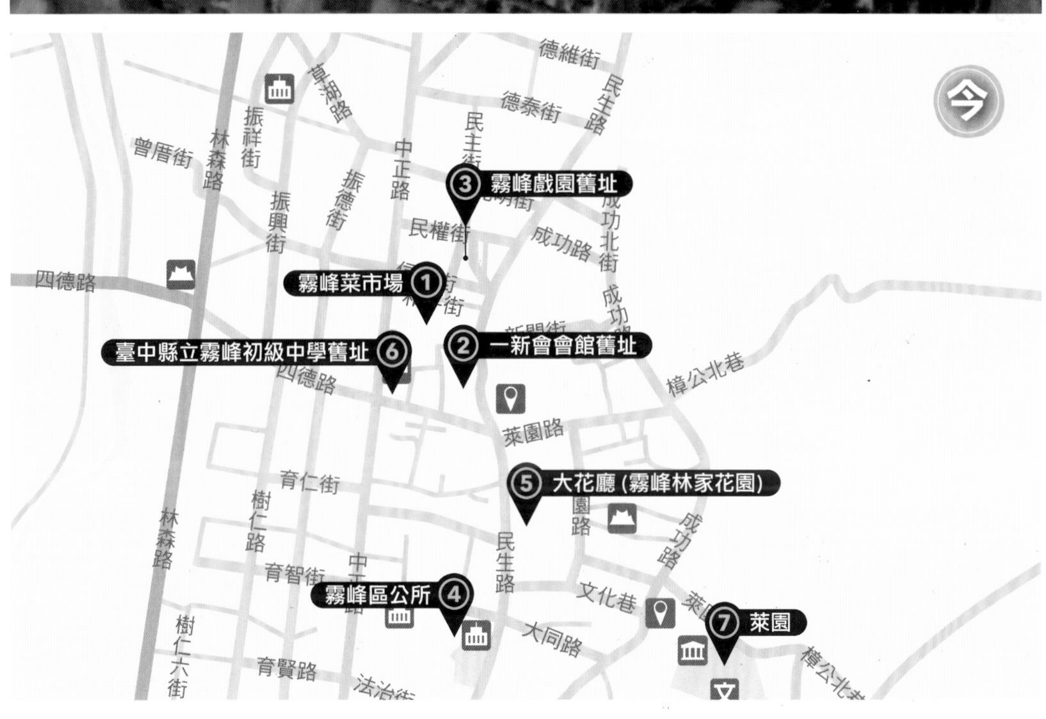

游藝悅事 樂在生活

寄情予詩文畫樂，

在燈紅酒綠處舉觴狂歡，娛樂人間

南夜大舞廳外觀。

文化之城，歷史之河

臺中文學散步

文／馬翊航

城市的生機來自生活的人，也來自其歷史記憶的延續與連動。流過臺中市區的綠川、柳川，像是記憶之河，承載著百年來臺中多元而蓬勃的文化活動。沿著臺中公園周邊，沿著綠川，途經那些重疊許多時代身影的街巷，有些或者因爲褪去繁華風貌而顯得疲憊，有些地方已經被新的建築取代原有的模樣，然而仍有人保留著這些記憶。從家族空間到公共空間，從傳統的文人結社到面向大眾的文學空間，散步其間，能感受到不同的意涵。

在時代的交接處：瑞軒與瑾園

回望臺中清領至日治初期的文化活動，不能忽略由臺中幾個望族爲中心形成的文人集團。霧峰林家，是當時最具影響力的家族。其家族聚會與文人活動的重要空間，除位於霧峰的萊園之外，霧峰林家在大墩街上另有一私家花園，名爲瑞軒，位置大約在臺中公園大門沿公園路，面對合作大樓一帶。園內造景優雅端麗的瑞軒，不只是林家的家族產業，更是日治時期重要詩社——櫟社聚會交流之地。櫟社在一九○二年成立，最初的發起人是林癡仙、林幼春、賴紹堯三人，日後加入的成員還有蔡惠如、連雅堂、林獻堂、林子瑾、吳子瑜等。櫟社以「櫟」爲名，典故來自莊子，實取其爲不材之木、無用之木的意涵。林幼春在「櫟社二十年間題名碑記」寫

> 城市的生機來自生活的人，也來自其歷史記憶的延續與連動。

櫟社成立於1902年，創立20週年之時，於霧峰萊園豎立「櫟社二十年題名碑」。1930年代中晚期，因第一代社員逐漸凋零加上政治因素，漸趨沉寂。

圖目錄D－5

道：

櫟社者，吾叔癡之所倡也，叔之言曰：「吾學非世用，是爲棄材；心若死灰，是爲朽木。今夫櫟，不材之木也，吾以爲幟焉。其有樂從吾游者，志吾幟。」

長久接受漢文化薰陶的文人，在日治時期，面對新的統治者、新的時代，我們不難理解那被時代追趕的衝擊。但絕對不可誤會櫟社的文人，只是一群抱殘守缺的舊仕紳，只是自認被時代委棄的頹廢心智。事實上，以櫟社爲中心聚集的，恰恰是這個時代最具有彈性，對時代變動最爲敏感的群體。他們集結起來，鼓起了臺中日治時期的蓬勃文風。這個特殊的文化集團，形成臺灣中部文化的重心，甚至可以說是北中南三大傳統詩社（瀛社、櫟社、南社）中，最敏銳的一個。可惜的是，一九一一年因推行市區改正，擴張公園預定地，因此位於公園西側的瑞軒，成爲臺中公園的一部分，難以追溯原始風貌。

一九一八年十月，以蔡惠如、林幼春爲首，感慨漢文之衰微，籌組成立臺灣文社，與部分櫟社成員傅錫祺、林獻堂、林子瑾等十二人，於年底舉行成立大會，次年初發行《臺灣文藝叢誌》，是第一本由臺灣人自費出版的漢文文藝

賴紹堯曾任大庄（今彰化縣大村鄉）區長，在地方上頗負名望，其妻為霧峰林家下厝林文鳳之女、林獻堂之堂姊。與霧峰著名詩人林癡仙、林幼春叔姪交情甚篤，組織「櫟社」，共同結社吟詩。

圖目錄D－30

林幼春為林文察從孫，曾任職阿罩霧區長、臺灣新民報社長等，除了組織文社，啟蒙臺灣文化，也不遺餘力推動臺灣民族運動。

圖目錄D－31

《臺灣文藝叢誌》創刊於1919年，1926年廢刊。其內容以譯介、詩文徵求，及舊文重刊為主，維繫臺灣漢學文運。

圖目錄D-29

臺灣文社以「鼓吹文運，研究文章詩詞，互通學者聲氣」為宗旨，網羅中部地區重要的漢文界菁英分子，維繫漢學傳統。

圖目錄B-1

刊物，雖以傳統漢文爲載體，但內容卻跳脫傳統思維，而有著鼓吹文明，傳播知識的肆應與變化。除了傳統詩文之外，譯作、雜文、科學、哲學等多重內涵，都可見其中新學與舊學的變動，世界觀的交錯與想像。

《臺灣文藝叢誌》的發行所位於「臺中市花園町五丁目五六番地」，社址就是林子瑾自宅。而目前位在臺中大智路巷內的古蹟——瑾園❶，即是臺灣文社的重要活動場所。興建瑾園的林子瑾，號大智，是林獻堂的姪子，今日臺中市大智路的命名，正是爲了紀念他。

瑞軒與瑾園，櫟社與臺灣文社，雖是傳統漢文人的社群與活動空間，然而漫步這段歷史記憶，我們或也可以體會，身處新舊時代交接人們的心緒與意志。

圖目錄D-24

林子瑾字少英，號大智，其漢學背景深厚，是櫟社、臺灣文社核心人物，因1923年治警事件而避居北京，漸淡出臺灣詩壇。

聚英樓與天外天劇場：文化與娛樂

位於時代交接之處的，不只是傳統舊學與現代文明的錯動，日治時期的臺中文人，也以傳統的漢詩形式，記錄了臺中城內生活與娛樂的樣貌。其中，聚英樓就是一個匯集許多文化意義與記憶的地點。聚英樓位於臺中市新富町，亦即今第二市場附近。一九二七年，蔣渭水正在聚英樓成立第一個由臺灣人成立的政黨——臺灣民眾黨。臺灣民眾黨的藍圖與理想，對於殖民政府統治當局來說是莫大的威脅，以至於一九三一年以《治安警察法》強制解散。林資銓一九三五年的〈聚英樓觀跳舞作〉，則從另一面向，呈現了聚英樓歌舞昇平，靡麗歡愉的場景：

聚英樓畔墮鞭多，奈此張嬌李艷何。
一種治遊心各異，他人跳舞我狂歌。

圖目錄M－6

3 中央書局

中央書局為日治時期頗具規模的本土書店，更是臺灣新文化運動的重鎮。1998年熄燈後，原建物另做他用，失去光彩，幸經臺中文化界請命，2015年開始推動中央書局再生，再展風華。

圖目錄M－6

1 瑾園

位於臺中東區大智路的瑾園，建於1911年，是漢學家林子瑾自宅，也是櫟社、臺灣文社等團體的聚會場所，兼具文化、藝術與文史意義，然今日因產權問題，面臨拆除的困境。

位置請對照p.114－115的地圖

2 中央書局（舊）

中央書局原建於臺中市寶町3丁目15番地，戰後書局移至隔鄰的倉庫。原址現為天主教聖母聖心修女惠華診所附設曉明護理之家。

圖目錄M－6

偎紅倚翠春光好，醉舞奚愁玉山倒。
白晝公然不怕人，迴身宛轉向郎抱。

三〇年代的娛樂空間，還有臺中富豪吳子瑜在一九三三年鉅額興建的天外天劇場。天外天劇場位於今日臺中後火車站附近，共有六百五十個座位，食堂、喫茶店、賣店、珈琲店、跳舞場一應俱全。從吳維岳的〈天外天觀劇〉，可以看見詩人從繁華中見世情的眼光：

傀儡衣冠各擅長，陸離光怪總堪傷。
眼看世態真還假，影射人情顯又藏。
天外有天原不錯，戲中是戲卻何妨。
可憐灯炮三更後，枉使繁華夢一場。

繁華靡麗的事物似乎總有醒覺之時，天外天劇場現址周邊也蓋起了樓房，劇場原址歷經數次功能轉易，從國際戲院到鴿舍，如今巷弄窄仄雜亂，令人難以想像當年天外天劇場之豪華轟動。

圖目錄B－6

臺灣文藝聯盟的刊物《臺灣文藝》於1934年11月創刊，參與者不只是作家，還有美術、音樂家等不同領域者同寫作，而內容也十分多樣，評論、小說、戲劇、插畫作品，展現出藝術與文學熱絡交流，也落實「文藝大眾化」的理念。

圖目錄H－1

莊垂勝與張濬哲、張煥珪兄弟以「中央俱樂部」名義募股，希望能設立一棟內有食堂、客室等作為文人雅士休憩之所，並設有圖書部，販售國內外優良書籍，時時開設講演會等，可惜的是各種外界因素，僅開設中央書局。圖為黃交黎認股之收據。

與文學牽手：中央書局

一九三四年五月六日，臺灣文藝聯盟成立大會，在小西湖料亭舉行。臺灣文藝聯盟是臺灣第一個跨越區域的大型文藝組織，其機關刊物《臺灣文藝》是由中央書局發行，也由書店經理張星建擔任編輯與發行人。雖然臺灣文藝聯盟因內外條件的改變，成員對組織路線的取捨，造成日後分裂，但臺灣文藝聯盟的存在，仍顯現臺中文化城的地位。

位於臺中車站前的中央書局，雖已停業許久，但成立超過一甲子的光陰，中央書局一直是臺中文化活動的核心，以其精神，知識與理念，餵養了眾多文學心靈。

由鹿港的莊垂勝發起，與大雅的張濬哲、張煥珪兄弟，一九二五年十一月以「中央俱樂部」名義募股成立株式會社，意圖在中部創設一個具規模、綜合型的文化基地，但由於種種人事變遷，原有的巨大藍圖並未實現，而中央書局成為日後唯一持續經營的事業。

一九二七年一月先租用「臺中市寶町三丁目十五番地」的木造平房開業（今天主教聖母聖心修女惠華診所附設曉明護理之家）❷，並購置旁邊的角地平房作為倉庫及員工宿舍（今中央書局）❸。戰後，書局移至原倉庫位址，並改建成鋼筋水泥三層樓房，如今日樣貌。

中央書局走過六十多年的歷史，一九九八年才正式停止營業。巫永福的〈臺灣文學與中央書局〉，便提及他與中央書局以及書局營業部主任張星建的文學因緣。少年時期的陳千武也常在豐原與臺中市區通勤求學的日子裡，到訪中央書局汲取知識，接下了前輩作家的文學火種。

路寒袖的〈記憶臺中〉，曾經嘆息城市的劇烈變動下，文化空間與共同記憶的流逝：「市中央的老書局熄燈後／先賢紛紛離了席／而書冊驚嚇散飛／不知該棲身於重劃區的第幾期。」王宗仁的〈大墩下午茶〉，也寫出中央書局流轉身世帶來的落寞：「雖然長相極度黃昏，但還認得出／她是中央書局／早

圖目錄H－2

臺中市梅枝町一九　首陽農園

❹ 首陽農園

位置請對照p.114－115的地圖

楊逵雖出生在臺南新化，但其一生幾乎在臺中寫作，1937年開闢首陽農園，借東方朔的詩句「窮隱處兮，窟穴自藏，其隨佞而得志兮，不若從孤竹於首陽」以自況，展開社會運動及文藝創作，並拿著圓鍬在大地寫作的園丁生涯。

首陽農園（梅枝町19番地）位於今篤行路與福龍街口，現已看不出當年景況。

圖目錄M－6

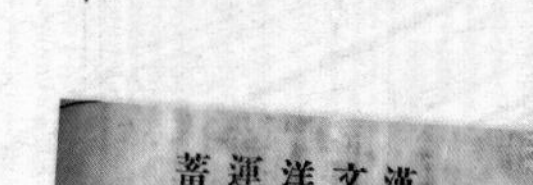

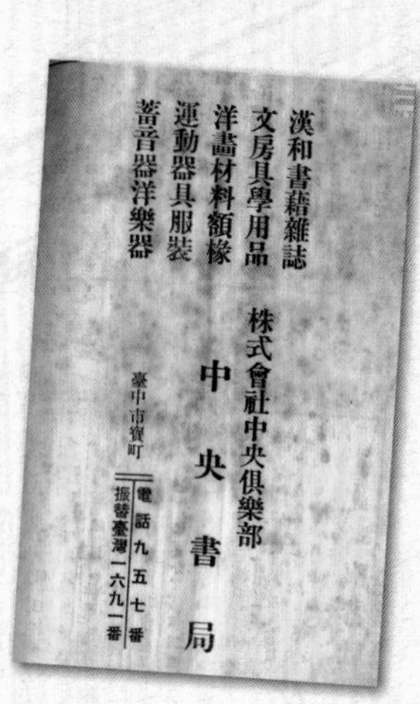
漢和書籍雜誌
文房具學用品
洋畫材料額緣
運動器具服裝
蓄音器洋樂器

株式會社中央俱樂部
中央書局

臺中市寶町
電話九五七番
振替臺灣一六九一番

中央書局為中臺灣首間專門進口漢文及日文書籍、雜誌的書局，從當時廣告頁得知，除了和漢雜誌、書籍之外，還販售運動器材及服裝、樂器、留聲機等，並出版少數圖書。

圖目錄D－11

已披起嫁衣，又輾轉嫁了幾次／當初不著胭脂，如今風貌全無。」二〇一五年以後，中央書局開始有民間單位接手再生，這些文學記憶與因緣，又將延續於時空之流中。

臺中的文學之路，印滿了聲音的足跡，走進福龍街，近篤行路，就是日治時期的梅枝町十九番地，你會聽見楊逵「首陽農園」❹中不凋萎的理想；漫步柳川，水流中還留著莊垂勝與葉榮鐘在中秋月夜，飲酒暢談的歡快。那也是巫永福的臺中，張星建的臺中，楊念慈的臺中，齊邦媛的臺中……那是由生命的欣喜與困惑交織而成的足印，也是理念、記憶與情感穿越時空的水痕。等待我們走進，等待我們的思想與試探。

來去看戲

日治時期臺中市戲院巡禮

文／石婉舜

十九世紀末，東大墩街是臺中地區最繁盛的市街，一度有建設省城的規畫卻戛然而止。甲午戰後，清國將臺灣割讓日本，日本當局選擇此區建設都市。隨著現代技術、制度與產業的引進，臺中從兩萬人的市街躍升爲十萬人的都市，逐步成爲臺中州的政治、商業及文教中心。周邊鄉村人口持續湧入市區，新的生活型態隨著都市成長蛻變形成，其中之一便是「去戲園看戲」。戲園即戲院，是以提供演劇、電影等娛樂獲得收益的專門場所。日治時期民間一般稱之爲「戲園」，較先進時髦的稱法是「劇場」，「戲院」則是戰後至今的用法了。

隔海而來，戲院之始

最早在臺中市出現的戲院，即一九〇二年建造的第一代臺中座。一如臺北、臺南等其他城市，是爲日人娛樂集會而建。當時清末築城規模與聚落街道的痕跡猶在，雖然戲院所在位址如今不明，但無疑是位在當時日人聚居之處。然而，四年後《臺灣日日新報》在報導中稱其頗爲簡陋，已是危險建物。

一九〇八年縱貫鐵路全線通車，通車大典選在臺中舉辦，凸顯臺中市居於中部樞紐都市的地位。於戲劇電影史上留名的高松豐次郎，此時以一介電影巡迴放映師的身分在縱貫鐵路沿線城市擇地興建戲院。他找臺中當地一位運輸業者樋口仁三郎合作，於共立學校（後來的彰化銀行用地）內側空地興建第二代的臺中座❺。戲院爲木造二層樓建築，面朝臺中車站，位於日後逐漸繁華的榮町三丁目街區。舞臺延續著日本歌舞伎劇場的特色：橫寬而淺，且有延伸表演區——花道。樓下樓上皆設棧敷席，最多可容納一千三百名觀眾。

根據高松豐次郎的自述，他在全島普建戲院並非單以日人爲對象，還希望透過戲院與戲劇電影媒介來教化臺灣人。不過，臺中座似乎是個例外。這間戲院後來改由「臺中劇場株式會社」經營，歷經擴建改建，以歌舞伎（舊劇）爲號

日治時期臺中市先後出現過七間戲院，其中三間都叫臺中座，本文稱謂皆加上代別加以區分。

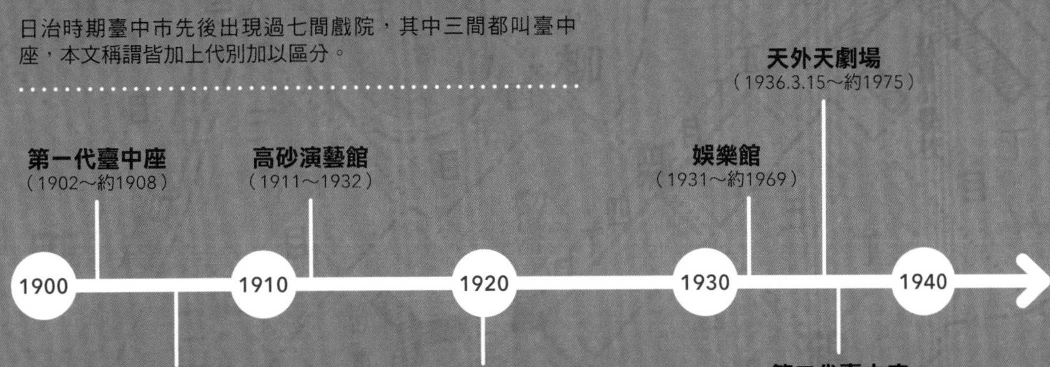

位於日本香川縣的舊金毘羅大芝居，建於1835年，是現存最古老的傳統歌舞伎劇場。中央格狀榻榻米座位稱作為「枡席」，兩側較高、類似今日如同包廂的座位為「棧敷席」，從主舞臺一側延伸進入觀眾席後方的表演過道即為「花道」。

圖目錄N－3

召，始終是一間以日人觀衆爲主要對象的戲院。

不久，在日人聚集街區的另一端出現「高砂演藝館」❻（一九一一年至一九三二年），這間戲院規模相對較小，仍以日人爲主要觀衆對象，後爲「臺中劇場株式會社」收購，先後改名「寶座」、「第二臺中座」，而在演出檔期青黃不接時，也會出租給臺人使用。一九二〇年代再度更名爲「大正館」，專門放映電影。

市井遊廓，娛樂流行

一九二〇年，臺中施行市制，行政地位提升。自此進入市街建設的高峰期，清代時期的建築已完全拆毀，近代臺中市的棋盤式市街形式與規模隱然成形。由臺人出資興建的「樂舞臺」❼落成，相較於臺北市在一九〇九年有淡水戲館、臺南市在一九一一年有臺南大舞臺，臺中市的「本島人戲園」出現得相當晚。「樂舞臺」座落於柳川左岸，這

位置請對照p.114－115的地圖

5 第二代臺中座

1910年代的第二代臺中座建築外觀。

圖目錄B－16

6 高砂演藝館

大正館外觀（前身為高砂演藝館），約能容納千餘人。

圖目錄D－14

7 樂舞臺

樂舞臺為和洋混合的紅磚建築，除了是遠近馳名的娛樂場所外，也有不少公共會議、演講在此舉辦。今日已改建為住宅大樓。

圖目錄C－7

臺中攝影家余如季先生曾空拍柳川沿岸，因而留下樂舞臺被拆遷前的身影。

圖目錄M－2

一帶原屬漢人聚居歷史悠久的地區，市區計畫執行後，成爲遠近馳名的初音町遊廓——飲食料理店到藝妲間、珈琲店、貸座敷（即妓女戶）等風月場所在此匯聚。「樂舞臺」由臺人集資興建，是一占地五百坪（建物三百坪）、可容納二千名觀眾的大型紅磚劇院建築。戲院命名爲「樂舞臺」，首字讀爲「快樂」的樂，明示尋歡取樂之意。此處上演本地亂彈戲、南管戲、歌仔戲甚至布袋戲，抑或是外來京戲、福州戲等，都是臺灣人喜聞樂見的流行戲曲。

臺中市人口在一九二〇年代晚期突破五萬人，此時農業人口急遽減少，從事商、工、公務及自由業者則占多數。中部地區的商人或勞工到此尋找生意與工作機會，造就服務、娛樂產業的發達。一九三一年，市營「娛樂館」❽落成啓用，是爲全臺灣第一座公營戲院。有別於位在商業街區的臺中座與大正館，也不同於雜處於風月場所的樂舞臺，娛樂館緊鄰雄偉、帶有「神聖性」的行啓紀念館與金融地標彰化銀行，被當時的臺灣建築會譽爲獨步全臺的現代建築，是都市文明進步的表徵。娛樂館主要放映電影，回應一九二七年間有聲電影問世所啓動的世界潮流。

就在娛樂館落成隔年，彰化作家楊守愚在《臺灣新民報》發表小說〈瑞生〉，描述主人公瑞生背負一家生計離開鄉村前往都市謀生，卻逢經濟不景氣而失業，有家不敢歸，奮力在都市底層討生活又屢屢失敗受挫的故事。小說家捕捉到由農轉工的時代氣流，刻畫「無力者」與現代都市的相遇。戲院是小說的重要場景，既承載著愉悅甜美的觀劇記憶，隨著主人公運途多舛，卻也是誘人墮落的都市邪惡象徵。

南向雄心，天外有天

約略與小說〈瑞生〉發表同時，大正館因不敵娛樂館的競爭而結束營業，第二代臺中座更遭祝融焚毀。這兩間老舊戲院雖然就此消失，不久即有兩間嶄新戲院出現，取而代之。

娛樂館的內部空間構造已有今日電影院的雛形，可容納六百多名觀客的觀影空間裡，除了裝設迴轉電扇、空氣轉換機等促進空氣流通的設備，牆面也安裝吸音材質的壁布。

圖目錄D－23

一九三六年三月，天外天劇場❾在臺中火車站後方落成，那是新階段都市計畫擬定開發擴張的南區。戲院由地方望族吳子瑜獨資興建，專演戲曲。傳言他有一次前去樂舞臺看戲，中途離席如廁回來座位被占之餘，還遭占位者奚落「椅子上又沒寫你的名字」，一氣之下著手籌建戲院，且訂製鐵椅於觀衆席，上鑄吳子瑜三大字。天外天用地原本是吳家庭園的私人戲臺，吳子瑜找來規劃娛樂館的齋藤辰次郎設計督造，戲院內部除了劇場空間之外，尚有食堂、喫茶店、小賣店、舞池與咖啡廳，具複合式飲食娛樂機能。天外天劇場是日治時期臺中市的戲院中，建物結構唯一留存至今者，近年，隨著文化資產保存的公共議題與吳家後人追本溯源的積極行動，而再受矚目。

天外天劇場出現三個月後，第三代臺中座❿歷經波折終在驛前通落成啟用，一端與行啓紀念館、娛樂館接壤，一端與吉本商店、第一市場比鄰。這是座兩層樓高的現代建築，可容納一千人，內部空間爲改良式，一樓設椅子席、兩側有棧敷席，視野最好的二樓正面爲枡席。新建的臺中座以放映電影爲主，擁有最新款的有聲電影放映器材，與娛樂館形成雙雄競爭的局面。

戲院的出現，標示了劇場文化的變遷。作爲現代都市機能的一環，戲院本身即是現代性的媒介，也通過戲劇電影的映演活動活絡市民的生活與情感，並從中催生想像與新文化。日治時期臺中市先後出現七間戲院，僅有一九二〇年代之後興建的四間延續到戰後——即樂舞臺、娛樂館（改稱成功大戲院）、天外天劇場（改稱國際大戲院）、臺中座（改稱臺中戲院），後三間約在一九七〇年前後紛紛拆除改建商場，樂舞臺則持續經營，到一九九〇年代初期方才歇業，是存在時間最久的戲院。

圖目錄B－13

今&昔

位置請對照p.114－115的地圖

8 娛樂館

以幾何線條作為裝飾的娛樂館，展現出官方建築雄偉的氣勢。

今

9 天外天劇場

天外天劇場在戰後被吳子瑜賣掉，所得款項拿來修整臺北的梅屋敷，此劇場後來即改名為國際大戲院。

圖目錄M－3

10 第三代臺中座

1950年代的第三代臺中座建築。二次大戰後臺中座由中影接手，沿用原建築改名為「臺中戲院」。

今

紙醉金迷的世界

臺中特種娛樂業之興衰

一提到臺中，除了甜而不膩的太陽餅，綠意盎然的臺中公園，復古不失創新的宮原眼科之外，還會想到閃耀在臺灣大道上的金錢豹酒店，舞店等特殊行業。其實百年前，臺中的特種娛樂業，如同現在一樣蓬勃發展，不亞於臺北，但也隨歷史洪流消逝無蹤，僅剩泛黃老照片與閒置陳舊的建築，供人憑弔。

男人的不夜城

清朝時期因渡臺者多爲男性，臺灣「只有唐山公，沒有唐山媽」、「羅漢腳滿滿是」的男女失衡現象，娼業因此應運而生。道光年間，臺灣開港，商賈雲集，提供應酬交際場所的酒樓妓院日益興盛。一八九五年，臺灣割讓給日本，各地義軍風起雲湧反抗作戰，社會動盪不安，娼院關門避難，娼妓流竄各地繼續做生意，導致性病患者大增，日本政府認爲若繼續放任，只會讓性病蔓延，有損兵力，因此提議設置公娼，但並未確切執行。直到一八九六年結束軍政恢復民政後，許多日本婦女渡臺私下賣淫爲業，問題甚多，日本政府才立即施行公娼制及設置檢查梅毒的衛生所，並於同年發布公告「貸座敷指定區域」、「貸座敷營業地域」，設置合法妓戶及公娼，以解決私娼問題。

一八九六年，臺北艋舺首設遊廓（公娼區），而後臺中縣廳也於常盤町大墩街舊街新東門到新西門間（今臺中公園一帶）設置遊廓，此地原是日臺混住區域，飲食店、料理屋等鱗次櫛比，然因暴雨淹水之故，日人遷移他處，縣廳以此爲契機，將一千多餘坪空間規劃爲遊廓，散布於市內各地的料理屋、貸座敷（妓院）等皆被集中在此。當時有開花樓、日清樓、梅月、小泉樓、浪華、八千代等貸座敷、料理屋在此營業，而

常盤町內純日式貸座敷。 圖目錄C－1

後八幡、末廣、千代菊、高砂、武藏野等移至此地開業。

時人筆下的常盤町，兩側林立著純日式格子窗櫺的青樓，明亮的路燈照著風流客尋覓美人的身影，鶯聲燕語招攬客人上門，琵琶彈曲至三更，若說常盤町是臺中的不夜城也不為過。

明治三十三（一九〇〇）年市區改正，遊廓位於臺中公園預定地附近，且又鄰近熱鬧的街道，有礙市容，因此一九一四年發布臺中廳令第四號，將遊廓移轉至藍興堡後壠仔庄（大誠街一帶），占地坪數與秋紅谷廣場差不多。

一九二〇年市制施行，臺中市行政區域名也隨之更動，遊廓行政區域改為初音町五丁目，一九二三年，也將鄰近區域納入遊廓。一九三四年，行政區域再度微調，變更為初音町四、五丁目及若松町四、五丁目。

一九三〇年日本出版的《全國遊廓案內》，介紹日本境內遊廓之外，還介紹朝鮮、臺灣、關東州等殖民地花街，可說是一本完整的尋花問柳導覽書。

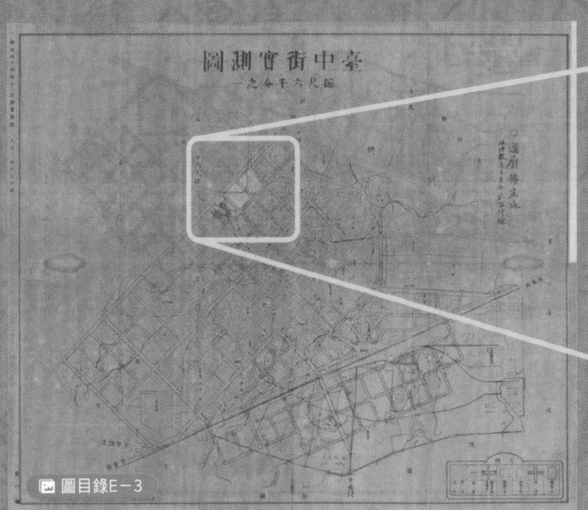

圖目錄E－3

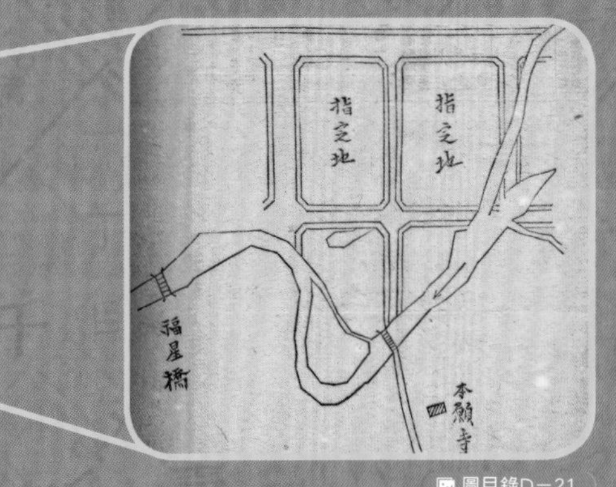

圖目錄D－21

1914年藍興堡後壠仔庄遊廓區域，從地圖中可看遊廓被遷出市中心。

日治時期的24、25番地，彈琵琶，唱小曲的臺灣藝閣，在戰後搖身一變，變成聽曲盤、洋氣十足的音樂樂座，不變的是仍有美女在旁，與客共樂。

圖目錄M－2

初音遊廓樣貌。

圖目錄D－14

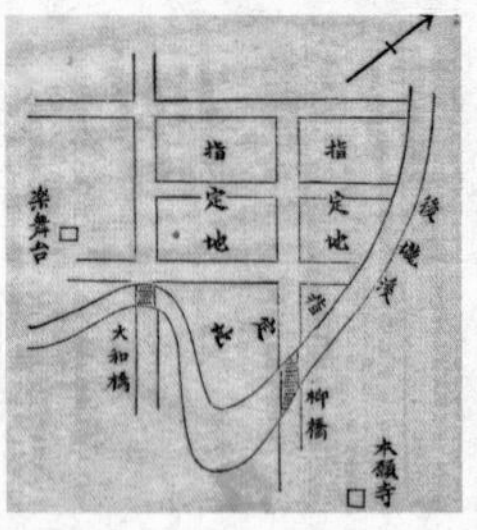

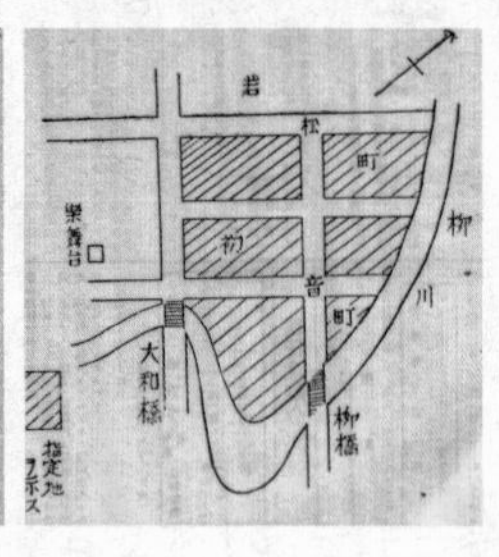

左圖為1923年初音町的遊廓範圍，右圖則為1934年變更行政區域後的情形。

圖目錄D－18、D－19

書中提及臺中共有八間貸座敷——浪花樓、小泉樓、大正樓、常磐樓、富士見樓、八千代樓、朝鮮樓、吾妻樓，娼妓約八十位，尋芳客挑選娼妓的方式，原依循日本吉原遊廓，採「張見世」的方式，也就是讓娼妓坐在店內格子窗前招攬客人，但在一九一九年六月一日廢止，改採「寫眞」方式——讓尋芳客看娼妓照片挑人。若招娼妓，費用爲五圓，藝妓則六圓，均附酒席及過夜，且絕不轉檯。

從此得知，貸座敷樓名、攬客方式與日本遊廓相同，因娼妓多爲日本人，加上費用極高，對於臺灣人吸引力較小，多半爲日本官吏或商人前往消費。

臺灣人則習慣聚集於梅枝町廿四、廿五番地私娼區（今原子街、中正路、五權路、太平路一帶），此地商業繁榮，百花園、新樂花、紅葉樓、巴黎（パリー）、孔雀等特殊料理店就有三十多家，陪酒助興的酌婦、藝姐約一百多位，輕彈琵琶聲，漫唱南音曲，呈現與初音町截然不同的花街風情。

上流社會尋歡的另一選擇

除了初音町、梅枝町兩大花街外，位於新富町二丁目的富貴亭⑪及臺中公園內的香園閣（昭和時改爲弘園閣），皆爲首屈一指的日本料亭，客源多半爲日本政商名流、文人雅士。料亭爲了與官方打好關係，不時會派藝妓、酌婦參與官方舉辦的活動，如一九二七年昭和天皇即位大典時，富貴亭藝妓們愼重裝扮參加遊行，弘園閣負責餘興表演，不但可討好官方，還可達到宣傳效果。或增建設施、招聘美人，如富貴亭從東京重

走進窄小的巷弄，兩側斑駁深鎖的鐵門，完全沒有留下當年梅枝町24、25番地熱鬧非凡的昔日風華痕跡，圖為今日25番地現貌。

圖目錄M－6

昭和天皇即位大典，日式料亭富貴亭的藝妓們扮裝參與遊行。

圖目錄D－12

金挖角才貌兼具的藝妓，又新建宴客空間，打造六十幾坪的客室及溫泉浴場，吸引更多客源。

昭和天皇即位大典，日式料亭弘園閣的餘興表演。 圖目錄D－12

如果說富貴亭及弘園閣是日本人集會處，那位於橘町三丁目綠川旁的醉月樓⑫、新富町三丁目第二市場附近的聚英樓、柳川畔的小西湖等旗亭則是臺灣人重要的集會場所。如林獻堂出遊送別會；臺灣文化協會總會；臺灣民衆黨發會式等均在醉月樓及聚英樓召開。醉月樓爲對抗日本料亭，一九二九年曾與《臺灣詣報》舉辦花選，以市內臺灣人開設的料理店藝娼妓爲花選對象，投票資格爲訂報讀者，來刺激訂報率及上客率，花選結果由小西湖呂寶桂得狀元，榜眼和探花則爲醉月樓王烏糖、何月霞，雖未知是否有提升酒樓消費額，但也算另一種打響知名度的手法。

舊花街新刺激

一九一二年臺北新公園內開設充滿西洋風味的獅子珈琲店（ライオン）後，喝著黑色水，身穿白色圍裙的女給在旁服務，聆聽西洋音樂，高談風花雪月不著邊際的理想，這種新興享受頓時在文人間風行，只要有些盈餘就可以享受美人服務、聆聽優美音樂，無須花大錢去酒樓設宴尋歡，因此一家家珈琲店也在

位置請對照p.114－115的地圖

9 國際大戲院

國際大戲院原稱天外天劇院，戰後，負責人吳子瑜將劇院售予王博，更名為國際大戲院，但逐漸沒落，一度被作為冷凍製冰廠、鴿舍等，最後閒置荒廢。2016年所有權人想拆除，在文史團體陳請下，市府暫列為古蹟保護，進入文資審議，但最終失敗，面臨被拆除的命運。

圖目錄M－6

圖目錄D－8

11 富貴亭

富貴亭於1909年買下春田館別院，打造約百坪宴客空間。

12 醉月樓

臺灣料理餐廳醉月樓位於臺中火車站附近，鄰近綠川，為一棟氣派的洋式建築，許多臺灣人的重要聚會皆在此處舉行，圖為1937年8月臺灣地方自治聯盟第四回全島大會。現址已成為知名藥妝店。

圖目錄B－1

今

圖目錄M－6

臺中如雨後春筍般開設，如位於臺中公園入口附近的巴珈琲（トモヱ）、柳町三丁目的國王沙龍（サロンキング）、寶町月亮皇宮珈琲（ムンパレス）等等，幾乎都集中在人潮商潮聚集地，進而衝擊到舊有的特殊娛樂業生意。爲突破困境，業主開始轉型或投資開設珈琲店，如初音町大正樓、吾妻樓就曾向官方申請開設，除了料理之外兼營同名的珈琲店，號稱是初音町裡的兩大龍頭，不但咖啡香醇，女給服務功力也堪稱一流。

進入戰備時期後，無論是珈琲店、飲食業、花柳街，都遭受巨大影響，嚴禁販賣酒類，僅能在白天營業，禁止一切奢侈品。到一九四〇年，官方發布《奢侈禁止令》，逐一檢討娛樂事業，一九四四年，料理屋、貸座敷、珈琲店、喫茶店等被下令休業一年，或轉型爲普通的飲食店，讓特種行業漸消沉寂。

臺中日活珈琲店的女給吉他樂團，當時在日本，女生演奏吉他不算少數，但在臺灣卻是罕見的表演形式。

圖目錄D－28

百家爭鳴

一九四五年，國民政府統治臺灣，次年針對風月場所進行「廢娼正俗」措施，可說是首次「禁娼」，但諷刺的是，一九四九年政府設立「特種酒家」，准許特定的酒家可提供性服務，等於是變相的公娼場所，而禁娼也以失敗收場。

一九五〇年代，國民政府軍陸續遷臺。軍人一多，性需求也隨之增多，造成私娼、性病等問題，因此政府檢討後，決定恢復公娼制度，在現實環境考量之下，一九五六年頒佈《臺灣省管理妓女辦法》，於臺北萬華、大稻埕等設立公娼區。

同年，臺中市政府經過激烈辯論及投票，最後以一票之差通過設立三處風化區，分別是北區「大湖仔」（大湖里）、西區的中正路末端及東區國際大戲院一帶。其中位於國際大戲院❾後方的東區公娼區生意最爲興盛。

國際大戲院原爲日治時期天外天劇場，戰後被持有者吳子瑜售出後，更名爲國際大戲院，專放電影。一九五六年，市政府在劇院後方興建三處十六間兩層樓妓女戶，因離後火車站近，占地

位於第二市場旁的聚英樓也是臺中市首屈一指的臺灣料理名店，與醉月樓一樣常舉辦各式宴會。圖為楊肇嘉1932年從東京回臺，臺灣地方自治聯盟中部支部為其舉辦的洗塵會。

圖目錄B－1

1956年，臺中市政府設置合法公娼區三處，因地緣便利，國際戲院後方的東區公娼區生意興隆，興盛時有十多戶娼戶，但隨著廢娼及私娼猖獗、舞廳興起等影響，已減少至個位數娼戶。

圖目錄M－6

位置請對照p.116－117的地圖

圖目錄M－5

14 南夜大舞廳

1967年臺中商人陳敬堂開設南夜大舞廳，從宣傳單可知二樓為西餐廳兼歌廳，三樓為舞廳，地下一樓是酒吧，可謂中部五縣市最豪華的舞廳之一，但隨著時光荏苒，早已歇業。近年在文創團隊及文史團體推動下進行整修，期待以嶄新面貌展示於世人面前。

圖目錄M－2

13 南園酒家

南園酒家位於民族路與繼光街口，已不見繁華足跡。

15 夜總會臺中俱樂部

位於柳川旁的夜總會臺中俱樂部，當時每日有茶舞（一點到五點半）及晚舞（七點到凌晨兩點）兩場跳舞時段，與南夜大舞廳屬同一個經營者，所以在當時報紙上常可見共同宣傳廣告。今日已拆除成為興中停車場。

圖目錄M－2

圖目錄M－6

16 小夜曲夜總會

小夜曲夜總會於1968年開業，2013年歇業，舊建築早已改頭換面，不見當年風光的榮景。

圖目錄M－2

圖目錄M－6

17 白雪大舞廳

1963年開業的白雪大舞廳過往樣貌，當年叱吒臺中的四大舞廳，僅剩白雪大舞廳仍在營業中。

當時號稱東南亞最大的酒店金錢豹於2006年開幕，為臺中特種行業帶來新氣象，卻也讓許多老式舞廳、酒家紛紛退出五光十色的舞臺。 圖目錄M－6

利之便，來自干城、水湳及成功嶺、車籠埔營區的軍人休假時，都會越過鐵路天橋到後站，除了看電影外，還順道「消費」，因此老一輩的臺中人戲稱尋芳客爲「爬天橋的」。

除了合法的公娼區，臺中市區開設許多酒家，延續日治時期女性陪酒的風格外，還增加樂隊、歌手駐唱的「那卡西」，成爲當時最高級的娛樂場所。有名的酒店幾乎集中在車站附近，如前所述醉月樓，自由路上原爲臺中公會堂的白宮酒家，繼光街的南園⑬等等。

之後舞廳崛起，一九六三至一九六八年之間，號稱臺中四大舞廳的「南夜」⑭、「夜總會」⑮、「小夜曲」⑯、「白雪大舞廳」⑰陸續開業，美女如雲，杯觥交錯。一九八〇年代，臺中港、中山高等十大建設甫完工，臺中儼然成爲南北轉運站，更多人聚集於此發展工商業，使得特種業更爲興盛。根據舞廳老員工的回憶，當時一開門沒多久就客滿，彼此不認識的客人併桌同坐也不以爲意，但也因此成爲黑道談判、槍聲不絕的危險地帶，也是市政府掃黃掃黑的目標之一。

近年市政府厲行肅清政策，政治經濟往七期重劃區發展，工商業又大量外移至中國，再加上號稱全臺最豪華的酒店「金錢豹」開業，多重打擊之下，四大舞廳僅剩白雪大舞廳苦撐經營至今。而公娼區也面臨同樣困境，一九九七年北市宣布廢娼，二〇〇一年執行廢娼後，其他縣市紛紛跟進，不再發放合法公娼證，強力輔導轉業，加上區域發展北移，年邁的公娼比不過年輕美貌的酒店、舞廳小姐，近年來又被越南、中國等私娼夾攻，公娼漸漸淡出花花世界，被人遺忘。

隨著臺中經濟發展區域遷移，舊商圈日漸沒落，僅存空蕩蕩的建築，所幸，近期的老屋改建及廢墟再生，爲沉寂的中區商圈注入活力。早已斑駁無人注目的南夜大舞廳塗上新色彩，啓動復興計畫；天外天劇院存廢問題也備受注目。老屋改造、歷史建物保留等活動，也爲臺中興盛一時的八大行業留下見證。

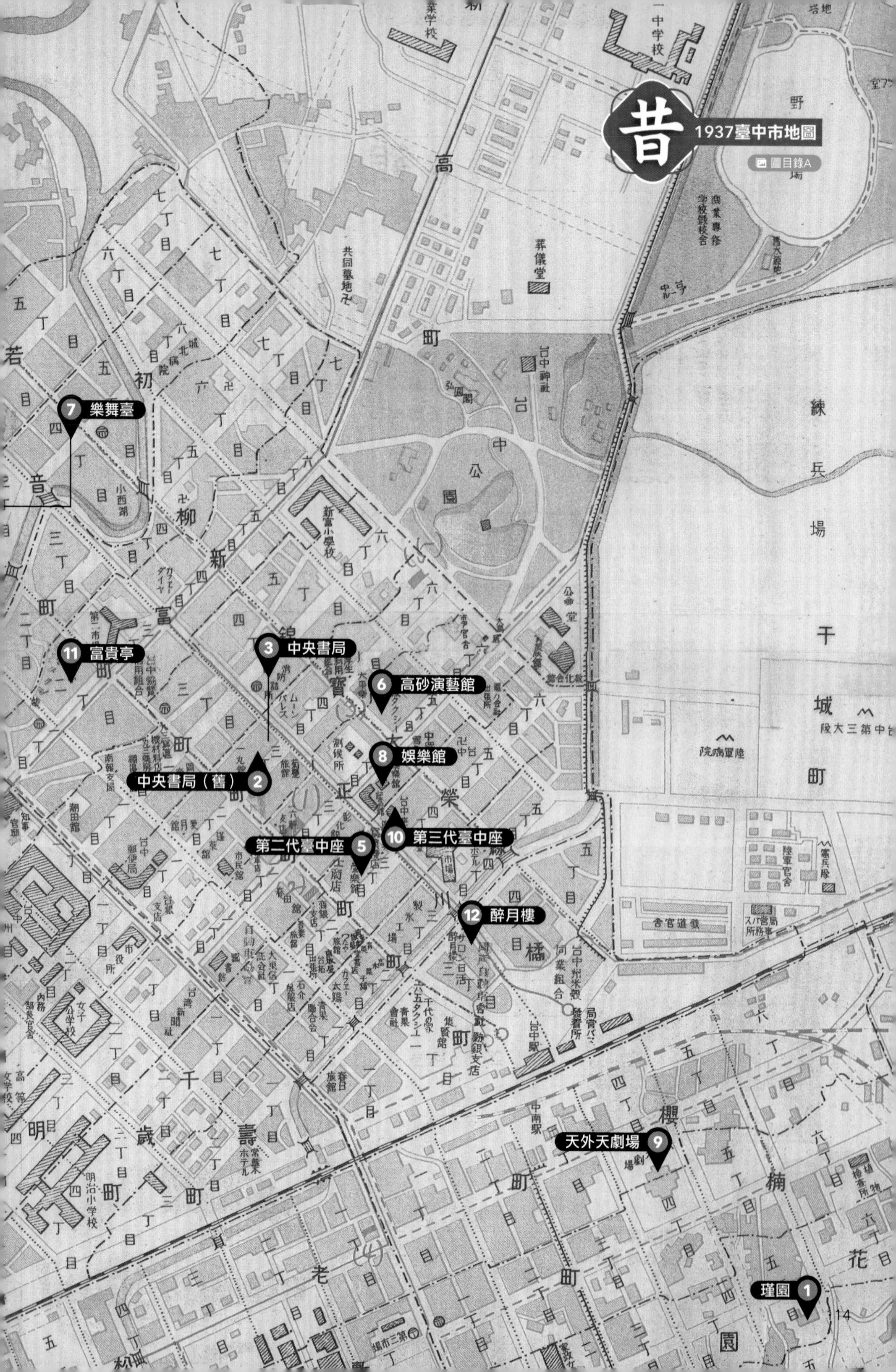

昔
1937臺中市地圖
圖目錄A
1 瑾園
2 中央書局（舊）
3 中央書局
5 第二代臺中座
6 高砂演藝館
7 樂舞臺
8 娛樂館
9 天外天劇場
10 第三代臺中座
11 富貴亭
12 醉月樓
台中公園
練兵場
台中驛

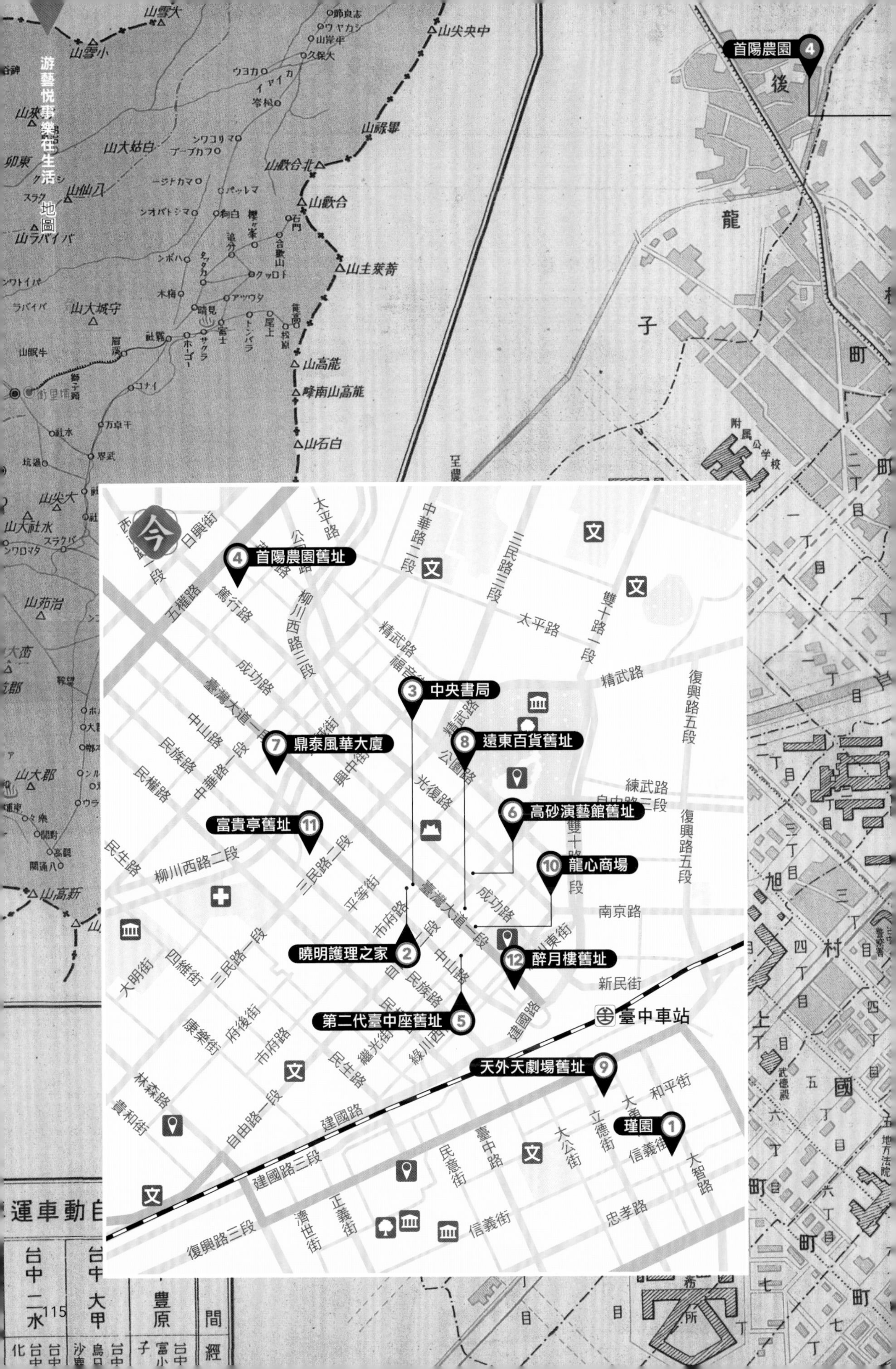
今
1 瑾園
2 曉明護理之家
3 中央書局
4 首陽農園舊址
5 第二代臺中座舊址
6 高砂演藝館舊址
7 鼎泰風華大廈
8 遠東百貨舊址
9 天外天劇場舊址
10 龍心商場
11 富貴亭舊址
12 醉月樓舊址
臺中車站
首陽農園 4
日興街
五權路
篤行路
太平路
中華路二段
三民路三段
雙十路一段
精武路
柳川西路三段
成功路
臺灣大道一段
中山路
民族路
民權路
中華路一段
興中街
光復路
公園路
復興路五段
綠武路
自由路二段
民生路
柳川西路二段
三民路二段
平等街
市府路
南京路
新民街
建國路
大明街
四維街
三民路一段
府後街
康樂街
繼光街
林森路
貴和街
自由路一段
建國路三段
民意街
臺中路
大公街
立德街
和平街
信義街
大智路
忠孝路
濟世街
正義街
復興路三段
後
龍
子
町
附屬公學校
旭
村
上
國
地方法院
武德殿
自動車運
台中
二水
大甲
豐原
間
經

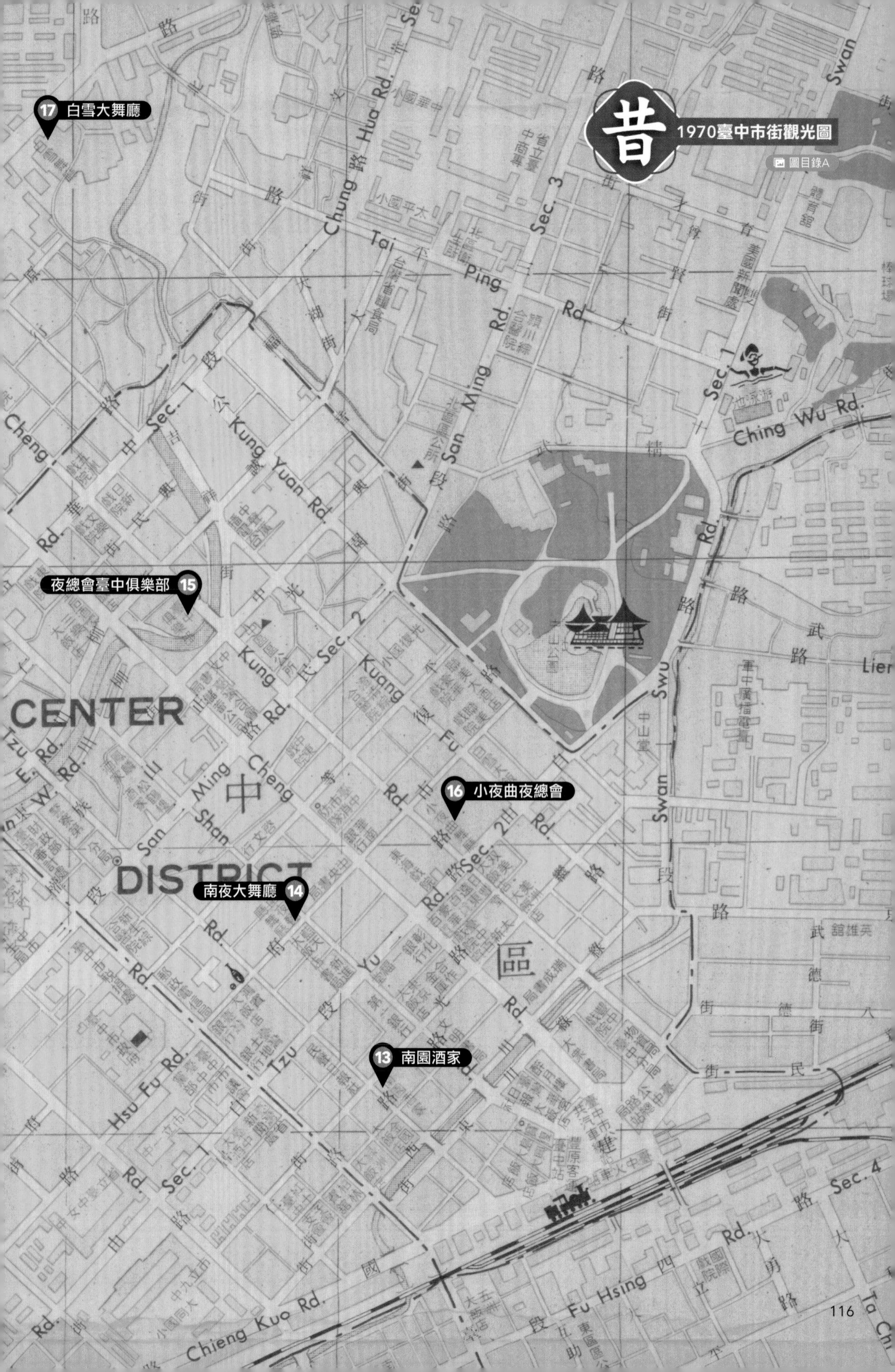
昔
1970臺中市街觀光圖
圖目錄A
17 白雪大舞廳
15 夜總會臺中俱樂部
16 小夜曲夜總會
14 南夜大舞廳
13 南園酒家
CENTER
DISTRICT
中
區
Chung Hua Rd.
Tai Ping Rd.
San Ming Rd. Sec. 3
Kung Yuan Rd.
Chung Cheng Rd. Sec. 1
Kung Cheng Rd. Sec. 2
Kuang Fu Rd.
San Ming Shan Rd.
Swan Swu Rd. Sec. 1
Ching Wu Rd.
Tzu Yu Rd.
Hsu Fu Rd. Sec. 1
Chieng Kuo Rd.
Fu Hsing Rd. Sec. 4
Tzu E. Rd.
W. Rd.
體育館
游泳池
中山公園
中山堂
軍中廣播電臺
英雄館
美國新聞處
省立臺中商專

今
17 白雪大舞廳
15 興中停車場
16 臺中市合作社聯合社
14 南夜大舞廳
13 南園酒家舊址
臺中車站
文化街
日進街
日新街
日興街
西屯路一段
英士路
太平路
公園路
五權路
柳川東路四段
中華路二段
錦平街
文祥街
三民路三段
雙十路一段
電台街
篤行路
柳川西路三段
大誠街
精武路
福音街
水源街
成功路
富榮街
中山路
精武路
福仁街
復興路五段
民族路
中華路一段
臺灣大道一段
興中街
公園路
練武路
民權路
光復路
雙十路一段
民生路
柳川西路二段
三民路二段
市府路
公園東路
成功路
南京路
民族路
民權路
中正路
武德街
八德街
大明街
四維街
三民路一段
民生路
綠川東街
新民街
復興路四段
市府路
府後街
建國路
繼光街
Hsian San Rd. 路 Sec. 1
Wu Chuan Rd.
農林改良試驗所
後龍宮
坑
河
區

文／林振莖

最佳「藝」援團

日治時期臺中知識分子在美術運動中的文化參與

1936年李石樵所畫的〈楊肇嘉氏之家族〉，入選日本帝國美術展覽會。可看到畫中背後為臺中公園的背景。

圖目錄B－4

日治時期的畫家，除了少數家庭富裕的子弟之外，大多數畫家都屬家境小康，甚至清寒者居多。因此，畫家在成長過程中，背後經濟的贊助者就相當重要，他們透過組織後援會或到展覽會買畫的方式支持畫家，可以說，沒有他們在背後實質的幫忙，許多運動史中赫赫有名的藝術家可能就無法達到今日的成就，甚至可以進一步這麼說：臺灣美術運動史的發展，與這些藝術贊助者的付出息息相關。

最有力的支持

日治時期中部文化人士贊助美術活動的風氣十分盛行，由地主、仕紳、醫生、律師等知識階級形成一個龐大的美術後援會，而林獻堂就扮演這樣的角色。林獻堂所代表的霧峰林家在當時是臺灣五大家族之一，其經濟雄厚自不待言，且在政治上影響力也很大，有「臺灣議會之父」的美名，成為當時民族運動者心目中的大家長，受到各界敬重。他是較少被提及卻是

位置請對照p.122－123的地圖

臺中行啟紀念館

臺中行啟紀念館是為了紀念裕仁皇太子來臺而建，1926年落成後也是臺中州立教育博物館的所在地，現址後來改建為綜合大樓，可惜歷經兩次火災後現已幾近頹貌。 圖目錄B－5

臺中市民館

市民館是作為一般市民休養娛樂聚會的機關，屬於社會教育工作，為各都會均有的設施之一。

圖目錄B－5

非常重要的藝術贊助者，一九二九年陳植棋在臺中行啟紀念館❶舉辦個展，林獻堂就收購一幅畫作，給予陳植棋有力的支持。

此外，顏水龍於一九三三年學成回臺後，在臺中圖書館舉辦留歐作品展覽會，林獻堂一家人都光臨捧場，當時他的妻子楊水心女士也以二百五十圓的價格買了顏水龍留歐時期所畫的風景畫作品，分別是曾入選法國秋季沙龍展的〈モンスリ公園〉（蒙特梭利公園），以及〈ポンヌフ〉（新橋）等畫作。而同樣的，一九三四年楊三郎自法國返臺後，也在臺中市民館❷舉辦留歐作品展，林獻堂同樣攜全家前往參觀，並以百圓價格購買〈セーヌ河風景〉（賽納河風景）畫作。他也曾於一九三七年贊助臺陽美術協會在臺中公會堂❸舉辦之展覽會，林獻堂對於畫家的鼓勵可見一斑。

值得一提的是創立於五〇年代，二〇一二年已歇業，原位於自由路

位置請對照p.122－123的地圖

❹ 臺中圖書館

1934年郭雪湖於臺中圖書館第一次舉辦個展，楊肇嘉也前往參加，現址為臺中合作金庫。

圖目錄B－1

❸ 臺中公會堂

圖目錄N－1

1915年市民們覺得臺中俱樂部的場所不適用，由臺中廳官民共同捐獻，在自由路興建臺中公會堂，成為學術、技藝、宗教、慈善等活動的集會所。戰後，臺中公會堂成為白宮酒家所在地，停業後拆除改建為自由路立體停車場。

二十三號以太陽餅聞名的太陽堂，主人林紹崧是霧峰林家的遠親，其店內裝潢，包含向日葵馬賽克壁畫，以及整體產品包裝設計，就是由林獻堂資助前往法國留學的顏水龍負責。

藝術贊助也是民族運動

而另一位重要的藝術贊助者是楊肇嘉，出身臺中清水的知名仕紳，投身臺灣民族運動，鼓吹地方自治。對他來說，美術絕對不只是純粹拿來欣賞，或是收藏的藝術品；而是藉美術來爭取臺灣人的尊嚴，證明臺灣人也可以在美術競賽的舞臺上與日本人平起平坐。

對楊肇嘉來說，民族運動與美術贊助是互為表裡，贊助美術主要為的是臺灣的民族運動，在他的眼中，贊助美術，就跟贊助體育、文學、飛行、音樂等等的意義其實是相同的。

因此，他積極出席藝術家舉辦的展覽會，給畫家精神上最有力的支持。如：一九三四年十二月十四日至十六日郭雪湖在臺中圖書館❹舉辦第一次個展，楊肇嘉便前往參觀展覽。又如：一九三五年李石樵剛自東京美術學校畢業，四月十九日至二十一日在臺中圖書館舉辦「李石樵油繪個人展覽會」，楊肇嘉也到場觀賞畫作。

一九三六年他委託李石樵所畫的〈楊肇嘉氏之家族〉作品，此作以臺中公園為背景，描繪楊氏一家之二百號的巨幅油畫，入選日本帝展，並受到日本天皇的注意而名噪一時，這件事使楊肇嘉深刻感受到美術品掛在帝展牆面上的影響力，遠比在街頭的演說還要廣大。

文化綠洲，藝界人物雲集

除此之外，位於今日臺灣大道與市府路交叉路口的中央書局❺，日治時期也曾是美術家重要的聚集場所。中央書局是中央俱樂部的一部分事業，而中央俱樂部是臺灣文化運動的一環，發起人包括林獻堂、莊垂勝、張濬哲、陳炘等人都是文化協會的成

顏水龍為臺中自由路23號太陽堂餅店設計的向日葵馬賽克壁畫，也是臺中市區第一家有整體產品包裝設計的太陽餅店，但店面已於2012年歇業。

圖目錄M－11

1935年4月19日楊肇嘉（左）出席李石樵（右）在臺中圖書館舉辦的油畫個展。

圖目錄B－1

員，推動民族運動。

中央書局營業項目非常廣泛，除了雜誌、文房工具、洋畫材料、運動器材、服裝、洋樂器、參考書等經營項目之外，還引進最新的日文及漢文書，成為當時臺中吸收新知識與延續漢文化的根據地。

由於當時臺中地區民族運動人士的期待，使中央書局不只是單純的書局，還肩負著推動文化運動的任務。因此書局不僅是《南音》、《臺灣文藝》等雜誌的發行所，還舉辦洋畫講習會、繪畫展覽會、音樂會、舞蹈戲劇表演等等，成為當時臺中地區文化人的展演及聯絡中心。

張星建，即是連結中央書局與臺灣美術的靈魂人物，他自一九二八年進入中央書局擔任營業部主任之後，開始每年暑假於臺中舉辦洋畫講習會，如一九三二年曾邀請畫家陳澄波擔任講師，一九三三年則是藝術家廖繼春擔任講師。張星建甚至每年免費舉辦一次以上公開的繪畫展覽會。如前所述，郭雪湖在臺中圖書館舉辦的第一次個展便是由張星建義務籌辦，並於展覽前陪同郭雪湖去拜訪林獻堂，

1934年郭雪湖於臺中圖書館舉辦個展。照片前排左至右：郭雪湖、郭母陳順、楊肇嘉、張煥珪。張星建位於第二排左二。

圖目錄B－1

出身於臺中豐原的廖繼春1933年於中央書局開設的油畫講習會紀念合影。

圖目錄B－1

5 **中央書局**

中央書局於1927年成立，是臺灣少數從日治時期留存至今的書局，1998年因為財務虧損而結束營業，後曾改裝出租成其他店面，近日由民間基金會接手，即將在原址重現。

邀請他前往參觀展覽。一九三八年郭雪湖也曾在中央書局舉行第二次的個展。

當時張星建的為人深得朋友信賴，從文藝界的好友對他的稱呼上就可得知，如張深切給他一個綽號叫「萬善堂」，意思是說：什麼都好，有求必應。呂赫若則認為張星建是「臺灣文化界的綠洲」，巫永福稱呼他為「臺中市的甘草」、「世話役（日文漢字，在此是指組織中負責統籌的人）」，臺中地區的雕塑家王水河則直接叫他「臺中的文化市長」。

點亮藝術火炬，為文化服務

過去美術運動並沒有畫廊經理人的稱呼，也沒有像今日國家文化藝術基金會的文化贊助機構，以國家力量來贊助文化活動。

日治時期臺灣的美術是屬於上層階級的活動，美術家與仕紳之間的活動非常密切，美術家創造品味與需求，而仕紳、知識份子則提供贊助與支持；張星建游走於他們之間，成為彼此之間最好的黏著劑，促成彼此的交流，如同今日畫廊經理人的角色，為文化服務。

不同的是因時代背景的差異，日治時期的美術運作模式，使得仕紳、醫生、企業家等人的贊助，與張星建穿針引線的角色，都有著對臺灣文化更深層的目標，顯示出不同於現今的理想與抱負。

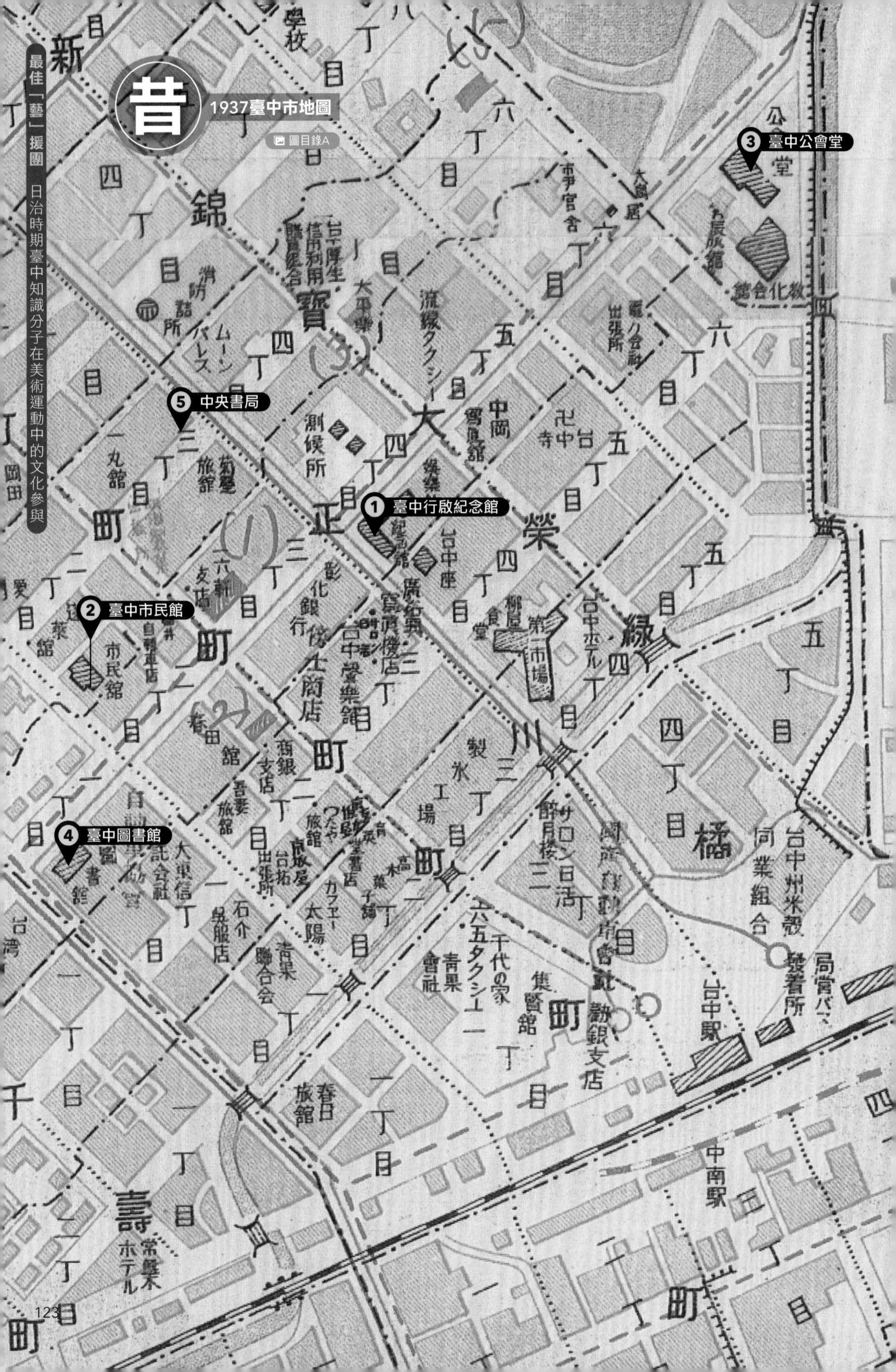
昔
1937臺中市地圖
圖目錄A
1 臺中行啟紀念館
2 臺中市民館
3 臺中公會堂
4 臺中圖書館
5 中央書局

城市紋理 文化挪移

往來遷徙的人群，在都市的畫布上，輾轉塗抹出嶄新色彩。

城市裡的神域

宗教地景在臺中

文／郭怡棻

這天的臺中市異常熱鬧。

「阿罩霧三少爺」林獻堂，早上八點就帶著兒子等人從霧峰趕到臺中神社參拜，住在豐原的仕紳張麗俊也興沖沖地買了車票前往臺中，卻因班班客滿而搭不上車。就連剛剛結束「鄉土訪問飛行」南北段之旅的臺籍飛行士楊清溪，也應贊助者楊肇嘉之邀，駕著愛機「高雄號」飛到臺中上空迴旋祝賀。

原來，一九三四年十月二十八日全島因「臺灣神社祭」放假的這一天，臺中鄰近地區的人們傾巢而出，全爲了要奔向市區，觀看史上第一遭的「內臺人合迎神社並城隍也」。臺中城隍廟自清末設立以來，年年都在農曆六月十五日舉行城隍誕辰祭典，這一年卻爲了結合臺中神社祭典擴大慶祝而破天荒延期。於是，當天市內從早到晚人潮洶湧，從京都特別訂製回來的神輿、山車、藝妓和城隍爺的神轎、藝閣、南北管在街道上各自穿行繞境，笑語樂聲喧天；夜裡，水源地施放的煙火點亮城市夜空，花火燦爛，人神盡歡。

今

昔 1937臺中市地圖

圖目錄A

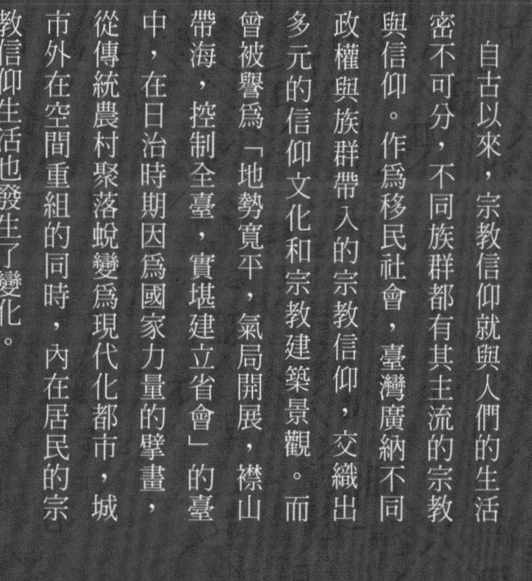

神明在人間

自古以來，宗教信仰就與人們的生活密不可分，不同族群都有其主流的宗教與信仰。作爲移民社會，臺灣廣納不同政權與族群帶入的宗教信仰，交織出多元的信仰文化和宗教建築景觀。而曾被譽爲「地勢寬平，氣局開展，襟山帶海，控制全臺，實堪建立省會」的臺中，在日治時期因爲國家力量的擘畫，從傳統農村聚落蛻變爲現代化都市，城市外在空間重組的同時，內在居民的宗教信仰生活也發生了變化。

臺中的開發從清代漢人拓墾貓霧拺社地開始，移民日增，聚落與街市逐漸形成。絡繹不絕的開墾者扛著鋤頭家當進入臺中盆地時，也不忘揹著原鄉的神佛香火塑像同行，日後在街頭市尾建立起祭祀媽祖的萬和宮、萬春宮、樂成宮、南興宮，或奉祀土地公、開漳聖王、文昌帝君等神祇的廟宇。這些以儒、釋、道三教及雜糅三教的民間信仰，構成了漢人傳統信仰的基底。

位置請對照p.126的地圖

日治時期臺中城隍廟祭的藝閣行列。 圖目錄D－14

圖目錄M－6

1 城隍廟

臺中城隍廟建於1889年，日治初期為日軍占用，而後挪作糖廠用地。1921年經信徒林子瑾、吳子瑜等人發起，於有明町四丁目八番地重建。每年農曆6月15日為城隍誕辰，陣頭齊聚繞境，熱鬧非凡。圖為城隍廟現貌。

日本治臺之後，臺中地區初期雖有城隍廟❶被占據充當軍隊兵舍與醫院，以及慎齋堂❷被挪作憲兵屯使用而遷建的情形，不過多數廟宇祠堂在首任總督樺山資紀發出諭告，官兵須對臺灣傳統宮廟寺院「尊崇保護」後得以保全。再加上當時總督府的施政重點放在治安、產業發展與衛生條件改善上，對於宗教採取入境問俗、尊重舊慣的寬鬆態度，臺灣的傳統宗教仍得以蓬勃發展。

即使到了中期，總督府設立「社寺課」掌管全臺宗教事務，仍秉持著信仰自由、不過分干涉的監督管理立場。因此儘管有部分寺廟因都市計畫而被拆除或遷移，例如因建築過於突向街道的萬春宮、廟地被編入鐵道用地的新福宮（三府王爺廟）在建築被拆除後，民間奉祀的香火仍不絕如縷，並於戰後再度重建；但也有不少廟宇如輔順將軍廟、樂成宮等，在日治時期重修或擴建而傳續至今。

樂成宮亦稱旱溪媽祖廟，建於清乾隆年間，為臺中市大屯區居民的信仰中心。 圖目錄M－6

日本宗教來也

當臺中從傳統聚落走向現代都市的同時，一種前所未有的信仰型態與宗教建築也進入臺人的生活。一八九七年，位於今三民路二段附近，日本人聚集的常盤町蓋起了「臺中稻荷社」，主祀掌管五穀豐收與象徵財富的「倉稻魂命」，信眾大多來自附近的花街柳巷。而除了

今&昔

位置請對照p.127的地圖

圖目錄M－6

昔

圖目錄C－4

2 慎齋堂

慎齋堂為臺中市最古老的龍華派齋堂，由福建移民蔡普榮所創，初設於安平，1786年遷至臺中東大墩下街。經多次遷建，今址位於北屯區山西路二段。

圖目錄M－6

今

3 縣社臺中神社

第一代臺中神社位於臺中公園內，1912年落成，屬無格社，1913年升格為縣社。1942年移至水源地，拆除木造主體。戰後，公園內仍留存鳥居、石砌臺基、銅馬、奉獻紀念碑等遺物及神橋遺跡。

昔

圖目錄B－5

4 臺中一中校內社

專為臺人子弟興辦的臺中第一中學校，在1936年設立祭祀第一代天皇神武天皇的校內社。1947年拆除校內社，改建光中亭，以紀念臺灣光復。而後亭子因颱風傾毀，於1976年整修成今六角亭樣式。

昔

圖目錄B－7

今

圖目錄M－6

臺中神社遷座祭，眾人背後布簾上的徽紋，是臺中神社的社紋「五七桐」。

圖目錄D－20

臺中公共團長小畑駒三律師等人，向總督佐久間左馬太提出「神社建立核可申請書」，以「臺中街建立神社乃數十年來本地人民所殷盼」、「本地人無神社可供膜拜」之由，冀求興建臺中神社。

圖目錄D－22

> 作爲移民社會，臺灣廣納不同政權與族群帶入的宗教信仰，交織出多元的信仰文化和宗教建築景觀。

稻荷神這類日本民間的傳統神道信仰外，明治維新後爲了政治目的，由國家力量所推動的「國家神道」，也在官方爲教化「新附之民」、貫徹「敬神尊皇」的國家意志下被引進臺灣，並在全臺各地興建神社。其中，最重要的首推一九〇一年創建於臺北圓山，被視爲日本統治臺灣象徵之一的「臺灣神社」。

一九一〇年，臺中公共團長小畑駒三律師等臺日民間代表，聯合向官方陳情，因臺中距離臺灣神社遙遠，祭祀不便，希望能在中臺灣設置神社。幾經折衝，一九一二年臺中神社❸在環境清幽、民眾方便前往的臺中公園東北處設立，初爲舊神社制度中社格最低的無格社，興建工費須仰賴地方官民自籌；隔年列爲縣社，祭祀費用由地方政府提供。爲了要在新領地興建深具傳統特色的神社，眾人費盡心思尋覓匠師，最後在愛知縣知事深野一三的推薦下，聘請來自名古屋的名匠伊藤滿作設計監造，社殿全以原木構築，建築形式採用與臺灣神社相同的「神明造」。由於伊藤滿作監造的臺中神社頗受好評，稍後又受託投入嘉義神社的建造工作。

爲了涵養臺人敬神愛國的精神，鼓勵民眾走入臺中神社參拜從臺灣神社分靈而來的開拓三神（大國魂命、大己貴命、少彥名命），以及征伐臺灣期間去世的皇族北白川宮能久親王。日本政府除了在假日動員學生、官方組織、民間團體到神社祭祀、打掃勞動外，更有臺中第一中學校於一九三六年興建校內社❹，以深化國家神道精神。而前文提

今&昔

位置請對照p.127的地圖

5 中尊寺

淨土真宗本願寺派中尊寺，山號「護臺山」，1922年興建，1924年完工。戰後廢寺，本堂改建為中區區公所，僅留住持居住的輪番所，2013年輪番所拆除，中尊寺身影已消失於歷史洪流，不留一絲痕跡供人憑弔。

今

圖目錄M－6

圖目錄C－5

今

圖目錄M－6

6 國幣小社臺中神社

1942年，臺中神社遷至新高町水源地公園，並升格為國幣小社。戰後，改制為臺中市忠烈祠，並於1970年改建。

圖目錄D－20

到的「內臺人合迎神社並城隍也」，這類官方力促臺、日人共同迎神狂歡的活動，不僅反映出當時新舊宗教並存的現象，更透露出統治者希望藉由合辦祭典，將神道信仰滲透到臺灣人生活裡的用心。

與林木環繞、氣氛肅穆，遠離於塵囂之外的臺中神社相較，日治時期傳入的其他「內地宗教」，如教派神道（天理教、金光教等）、日本佛教、基督教的布教所或教會，爲了傳教方便，大多分布在日人聚集的街區與鐵路沿線等交通便利之地。譬如日本佛教曹洞宗的臺中寺、淨土真宗本願寺派的中尊寺❺、臺中日本聖公會等，都位處於人群熙攘往來的街口或官廳附近。這樣的區位選擇，與內地宗教初期和臺灣既有宗教合作吸收臺人教徒，而後隨著在臺日人增加及布教方針改變，傳教對象改以日人爲主有關。

日治後期，讓人不安的戰雲逐漸聚攏，創建二十餘年的臺中神社也面臨參拜人數增加、腹地狹小不便、木造建築

圖目錄F　日本畫家木下靜涯所繪製的第二代臺中神社。

面對日本基督教的競爭，清末就到臺灣傳教的長老教會在臺中仍擁有為數最多的臺人信徒。圖為1916年竣工的柳原基督長老教會，是臺中現存唯一戰前興建的教堂。

圖目錄M－6

遭逢蟻害腐朽的危機，因此提議擴張或移轉他處的呼聲漸高，最後決定遷建至東北處水源地北側。一九三七年舉行地鎮祭，開始動工，一九四〇年十月遷座完成。神社原先計畫以鋼筋混凝土興建，以達到耐久與防空的效用，卻因爲盧溝橋事件引燃戰火，導致鋼鐵變成管制品，而變更爲木造建築；原有的石燈籠、狛犬、神馬等設施，也搬遷到第二代神社中繼續使用。

一九四二年，臺中神社與新竹神社同樣獲准升格爲國幣小社。在戰爭結束前，無數的將士及他們的家人，抱著複雜的心情走進能遠眺新高山的莊嚴神域內，合掌祈求武運長久，征戰者能平安歸來。而在神社之外，過去幾年臺灣各地掀起一場「寺廟整理」風潮，總督府聽任各地官廳廢止傳統寺廟、燒毀神像，還好臺中市內的整理程度輕微，幸運地逃過一劫。

二戰結束後，第二代臺中神社❻原地建起了仿中國北方宮殿式建築的忠烈祠，在日本祭神跟著殖民政權敗退離開

> 吸納日常煩憂及祝禱的宮廟寺院教堂，從過去到現在始終是城市居民心靈的依歸、人神溝通的所在。

1937年「寺廟整理運動」興起，乃是在皇民化的脈絡下，欲逐步廢除漢人傳統宗教與廟宇，並過渡到神道信仰的過程。整個運動並非由總督府主導，因此僅有部分地區積極推動，如中壢郡、新豐郡，然而亦有如臺北州、臺中州的消極推進。1941年，新上任的長谷川清總督禁止寺廟整理，卻已對漢人傳統信仰造成傷害。《寺廟神的昇天：臺灣寺廟整理覺書》即為中壢郡守宮崎直勝，對當地寺廟整理所留下的第一手記錄。

圖目錄D−13

1942年11月27日臺中神社升格為國幣小社，國幣小社乃是領取國家經費，並由地方官作為主祭的神社。隔年1月29日舉辦列格奉告祭，慶祝從縣社升格的祭儀，由臺灣總督長谷川清擔任敕使，服古衣冠前往參加。

圖目錄B−2

1960 年代下半葉，第二代臺中神社已日漸殘破，此照片為尚未改建為宮殿造型的忠烈祠前記錄下的神社最後身影。

圖目錄M−2

後，改祀中華民國的殉國英靈。第一代臺中神社殘存的本殿基座上則立起了「抗戰陣亡將士紀念碑」，一九七三年再換成孔子塑像。具有強烈日本色彩的神社空間，在政權更迭後轉換成另一種國家符號，兩者背後的政治性意涵與教化思維卻是如此相似。

另一方面，相對於統治者由上而下強加的信仰，在失去國家的推波助瀾後，僅餘下神社殘垣遺跡和人群逐漸佚失的記憶；那些根植於庶民生活，吸納人們日常煩憂及祝禱而存在的宮廟寺院教堂，從過去到現在始終都是城市居民心靈的依歸、人神溝通的所在。然而，無論日式神社、西式教堂、傳統寺廟，各種曾經坐落在城市裡的宗教建築，都承載著地方歷史變遷與人類工藝美學，聚落發展的紋理在此交錯，如香火縈繞，有賴人們的珍視才能代代薪傳，光熱不熄。

城市紋理 ② 文化挪移

冷戰、酒吧、美國派

臺中人的「美」麗時光

文／王梅香

昔 1970臺中市街觀光圖

圖目錄A

冷戰是一場沒有煙硝的戰爭，卻在老一輩的臺中居民心中，烙下不同的印記。臺中人的冷戰記憶可以分成三個區塊：一是以清水區、沙鹿區爲主的「陽明山計畫」；二是以神岡區、沙鹿區爲主的「美國工記憶」；最後則是以大雅區、臺中市區爲主的「酒吧街文化」。

陽明山計畫大疏開

二次大戰後，臺灣被納入美國在東亞的重要防線，臺灣於冷戰時期的戰略重要性可見一斑。一九五四年十二月簽訂《中美共同防禦條約》後，實施「陽明山計畫」，徵收大肚山臺地一千四百公頃土地，將原本日治時期興建的公館機場改建爲清泉崗機場，主要目的是爲了協防美軍在東亞的部署。一九五六年八月，清水區大楊里、吳厝里、楊厝里、海風里和東山里約四百七十二戶的居民，爲了因應當時的國策，離開自己長久生活的故鄉，遷移到今日臺中市新社區、石岡區，以及南投縣魚池鄉、埔里鎮（包括大坪頂福星庄）等地，這群人被泛稱爲「疏開仔」。

疏開仔對於國民政府的政策雖然感到無奈，卻不得不配合，當時他們在大楊國小教室，針對遷移和補助的相關事宜，與國民政府進行協商。例如依照當時公告的地價，一甲地賠償二至三萬；沒有土地的人，就給予四十坪大小的

左圖是1944年清泉崗機場的地形圖，右圖是2013年衛星影像，可看到清泉崗機場的所在地過去其實涵蓋了公館、吳厝寮、楊厝寮、大突寮等舊聚落，但現在都已成爲機場。

圖目錄A

地方蓋房子，其他地上的農作物另外計價。雖然當時政府因為美國的關係，給予在地居民補助，但是，疏開仔被迫遷往的區域都是較為落後、偏僻的地方，對他們而言，重新適應當地的氣候、族群和生活習慣的差異，皆是相當艱辛的考驗。

大家來做「美國工」！

陽明山計畫帶來戰後臺中地表最大規模的人口移動後，另一批臺中人開始移入現在的清泉崗基地，做起所謂的「美國工」。「美國工」相對於當時的「臺灣工」，意味著錢多、事少和輕鬆的差事。一九五〇年代的臺灣粗工，男工一天的薪資約十五至廿元、女工約十元，而童工約五元新臺幣。相形之下，美國工的薪水高出一些，男工一天可得廿五元、女工約十八元新臺幣，加班另計，依照美式制度，雙週領一次薪水，工作內容也被認為較輕鬆。

> **“冷戰是一場沒有煙硝的戰爭，卻在老一輩的臺中居民心中，烙下不同的印記。”**

神岡區曾做過美國工的居民們回想，當時主導的公司是美商佛內爾（Fornell）公司，基地內同時還有美商JHW、國際監工組織和國民黨的相關包商中華營造公司，這些公司代表著冷戰時期中美雙方在建築工程的攜手合作。老一輩的神岡居民對於佛內爾公司印象深刻，做美國工的工人都會在固定的接送點，等待深綠色的接駁巴士載送在地居民進入基地，然後由基地內的臺灣工頭負責分配職務。美商的工程高度分工化，有人專門拔鐵釘，有人專門釘板模，每個人只負責單項勤務，自然覺得輕鬆。而且因為語言溝通並不通暢，在地居民與美商公司的互動常常雞同鴨講。根據曾擔任過美國工、現居沙鹿的

1966年，為了因應越戰飛機加油需求，美軍在臺中市清水區楊厝里蓋了七座油庫儲存用油，現存一座。

1964年專為來臺灣旅遊的美軍製作的清泉崗空軍基地指南，類似旅遊手冊的性質。

圖目錄N－4

蔡先生表示，因為語言隔閡，他們不太了解對方的意思，因此，有時美國工會將工程時間往後延宕，以時間換取金錢（美金）。

在從事美國工的過程中，臺灣工頭對美方現代化機械有深刻的記憶。曾當過臺灣工頭的伍先生表示，過去工程的某些作法，美國人都可以透過現代化的機器迅速完成，尤其美方常有令人「驚奇」的設備，讓當時的臺灣人嘖嘖稱奇。對於歷經日治和戰後美援時期的伍先生而言，他的世界觀中存在著多層現代性的認知與想像，而其中美國現代性又更勝日本一籌。

異國風情夜生活

一九六五年，美國更積極介入越戰，臺灣不僅成為美國的軍事補給站，也是美軍「休息與復原計畫」（Rest and Recuperation Program）的渡假地區之一。該渡假計畫於一九六五年十一月二十五日制定，除了臺北之外，美國國防部也指定了東京、曼谷、香港、新加坡、檳榔嶼、馬尼拉、吉隆坡、澳洲及夏威夷等地為美軍渡假地點。臺中地區的娛樂活動也因此更加興盛，主要集中在大雅路、永和路一帶，並延伸到臺中市區五權路。

除了清泉崗基地內設有美軍俱樂部外，美村路上也設有美軍俱樂部，即現在已歇業的聯勤俱樂部❶，五權路一帶還有知名的第一俱樂部❷及中清路上的萬象俱樂部。若是美軍或臺中人想要跳舞，第一俱樂部最上面的舞池，是最佳的選擇！萬象俱樂部附設的豪華游泳池，於一九六八年完工，也是不少老臺中人年輕的回憶呢！

這兩個俱樂部皆是因應美軍來臺，而由當時的國民政府頒給「營業特許」允許經營，許多國外表演團體，如美國爵士樂和搖滾樂、日本歌手或是菲律賓的樂團等皆會在此演出，一九六八年時也曾舉辦聖誕大餐、聖誕舞會等新興的節目活動，成為兩個俱樂部吸引顧客的噱頭。臺語歌手沈文程、陳盈潔等人

❶ 聯勤俱樂部

位於美村路上的聯勤招待所舊址，更早之前是美軍俱樂部，現已荒廢。

❸ 蒙地卡羅音樂餐廳

蒙地卡羅音樂餐廳舊址，現為連鎖咖啡麵包店。

位置請對照p.134－135的地圖

位置請對照p.134－135的地圖

昔

今

2 第一俱樂部

1977年時第一俱樂部的外觀，舞池在建築的最上層。後來於1992年改為元帥大飯店，再於2012年改建為創意時尚飯店。

圖目錄K

昔

今

5 第一代美國新聞處

美國新聞處1961年成立時，位於自由路與民權路口，提供許多翻譯圖書，是文學閱讀的好去處，1967年搬遷到雙十路市長公館旁。

圖目錄M－2

就是從萬象俱樂部步入歌壇，旅日歌手歐陽菲菲亦曾在第一和萬象俱樂部登臺演出，還有其他後來臺灣歌壇的知名歌手，例如比莉（王雪娥）、蘇芮（Julie）、黃鶯鶯（Tracy／黃露儀）和王珍妮等人，也都曾於這些俱樂部初試啼聲。

除了大型的俱樂部之外，還有較小型的酒吧，包括五權路上的日星（Sun Star）、藍天使（Blue Angle）、臺華、家園（Sweet Home）、星竹（黑人酒吧）、OK、友愛、樂友、第一、駱駝、好萊塢、東京、7－7、Men's Night Club、金鳳凰等。其中，藍天使（Blue Angle）與國華、蒙地卡羅、飛虎屬於音樂餐廳，藍天使還曾擁有全臺灣第一臺彩色電視。

在這些酒吧中，其實又可以區分爲黑人酒吧和白人酒吧。白人往往不會走進黑人去的酒吧，美國的種族歧見活生生地在臺灣的酒吧現形。根據在地受訪者表示，酒吧文化帶給年輕的他們很多文化衝擊，包括吧女走在路上格外引人注目的新潮打扮、開放的態度；酒吧內美軍和吧女的嬉鬧，美國大兵索性爬到桌子上瘋狂跳舞等景象，酒吧內音樂聲、歡笑聲不絕於耳。

蒙地卡羅音樂餐廳❸，位於五權路和大雅路（今中清路）交界處，即過去的全國電子專賣店。由於位置適中，報紙上如此描述入夜的蒙地卡羅——「整片炫目燦爛的霓虹燈，是神祕而又瘋狂的象徵」。整體而言，一九六〇年代的臺中夜生活相當多姿多采，超乎我們今日所想像地多元化和國際化。

蘋果麵包與美國派

因為美國在東亞的軍事行動，連帶影響臺中的飲食「美國化」，其中「麵包業」和「美國派」特別值得一提。戰後由於美援麵粉的傾銷和在臺美國人對於麵包的需求，臺中市區紛紛出現麵包烘焙業。美國人對於麵包工廠的衛生條件及麵包的品質相當講究，也會定期抽查。臺中市向上路的劉麵包❹創辦人研發「蘋果麵包」和「香蕉蛋糕」，蘋果麵包裡面並沒有「蘋果」，取名「蘋果麵包」乃是由於麵包發酵的香氣；至於香蕉蛋糕的起源，創辦人表示，蛋糕食譜來自臺中美國新聞處❺的眷屬，由於美國人思念家鄉的味道而請臺人代為製作，後來成為店家的招牌商品。

❹ 劉麵包
臺中市向上路的劉麵包，即是蘋果麵包的發源地。

豐原區是臺中許多知名糕餅的發源地，由於麵粉原料取得容易，加上豐原的好水、好米，糕餅傳統便應運而生。其中，「美國派」更是戰後豐原的特色。當年的臺灣糕餅師傅魏家兄弟，先從美國人的家庭中學習製派技巧，然後進入清泉崗基地服務學習，後來便在豐原街上賣派，開始經營薔薇派和傑克派（今為仙合派）。目前仙合派的負責人謝先生說，一開始臺灣人不太能夠接受美式點心，賣不出去的派比賣出去的還多，當時的臺中人認為，為什麼要「做派」（臺語諧音「作壞」）而不做「好」的東西來賣呢？到了一九八〇年代，美國派仍被認為是很新式的西點，但已逐漸為在地人所接受；一九九〇年之後，更能在各大報章雜誌上看到豐原美國派大受歡迎的各式報導。

細數臺中的「美」麗歲月，透過歷史記憶的反芻，是否才赫然發現，現在被視為「在地的」飲食文化或觀光景點，其實是持續了超過半世紀的「美力」痕跡？

文／孟祥瀚

震後新生

九二一大地震後的臺中文化資產

霧峰林家早期的照片，可看到左前方旗桿旁的小樓為景薰樓門樓。

圖目錄B－21

震災前的古蹟與《文資法》的誕生

一九九九年上午一點四十七分，南投集集鎮地底斷層深處爆發芮氏規模七點三的大地震，是臺灣戰後傷亡最慘重的一次自然災害。斷垣殘壁中，不少古蹟受損。為緊急搶修，行政院文化建設委員會邀集內政部、教育部、行政院農業委員會等文化資產主管機關重新檢討修正《文化資產保存法》，以應災後重建維護的需要。

戰後初期，日治時期制訂的《史蹟名勝天然記念物保護法》廢止，僅有國民政府一九三〇年於南京訂立，解決文物盜賣的《古物保存法》可資參考。然而《古物保存法》雖列舉符合古蹟定義的古建築物，卻未有具體維護的規定及措施。加上國民政府遷臺時帶來大量人口，許多古建築被充作住宅，造成程度不一的破壞。到了一九七〇年代，民間與官方陸續著手調查古蹟及古建築，但此時因意識

位置請對照p.145的地圖

1 霧峰林宅

霧峰林宅由頂厝、下厝及萊園等三大部分組成。總平面呈回字形，前後共有四進。於九二一地震中嚴重毀損，今已幾乎修復完畢，唯位於下厝，當時接近全毀的草厝預計於2019年完工。此為下厝的宮保第第一進外觀。

形態之故，許多日治時期建築遭到拆除，主管機關的權責不清也造成古蹟保存的困難，引發多方論爭，甚至有修復反造成破壞的案例。

一九八二年，立法院三讀通過《文化資產保存法》，隔年通過施行細則。當時文化資產的範圍包含古物、古蹟、民族藝術、民俗及有關文物，與自然文化景觀等五類。古蹟之定義則為古建築物、遺址及其他文化遺跡。一九九七年，修訂古蹟等級分為國定、省（直轄市）定、縣（市）定三級，將古蹟審定的權力下放至地方政府，強調由下而上的地方主導性。九二一地震發生之前，臺中縣市所指定之古蹟共有十四處，包括中區臺中火車站、東區臺中樂成宮、南區臺中林氏宗祠、西屯區張家祖廟與張廖家廟、北屯區文昌廟、南屯區萬和宮、太平區吳鸞旂墓園、霧峰區霧峰林宅、神岡區筱雲山莊與社口林宅、大甲區大甲文昌祠與林氏貞孝坊、大肚區磺溪書院。

天搖地動九二一：歷史建築躍出地表

九二一地震驚人的破壞力，造成許多古蹟受到程度不一的損壞，但因不具文化資產的法定地位，無法編列經費進行修護工作的現象，引起各界關注。為搶救災區的文化資產，國內相關院系學者專家隨即自發性組成九二一文化資產搶救小組，趕赴災區進行歷史建築受災狀況的勘查與鑑定。調查對象除古蹟外，尚包含未具古蹟身分的「歷史性建築物」，經勘查選出二百二十二座受損之「歷史性建築物」，要求暫緩拆除，以利完成複勘調查及復建經費評估作業。當時的臺中縣共計指定了東勢清河堂張宅等四十八處建築。

為使這些未列古蹟的「歷史性建築物」從災害中迅速修復，並建立後續完善的管理維護機制，今日文化部前身，行政院文化建設委員會在二〇〇二年的《文資法》修正案中增加「歷

位置請對照p.145的地圖

② 樂成宮

建於1790年，今已登錄直轄市定古蹟。

③ 臺中市役所

臺中首棟鋼筋混凝土建築，落成於1911年，最初為臺中廳公共埤圳聯合會事務所，1920年成為行政官署，今為餐廳與小型藝文空間。

史建築登錄制度」，於文化資產分類中增列「歷史建築」，定義是未被指定為古蹟，但具有歷史、文化價值之古建築物、傳統聚落、古市街及其他歷史文化遺蹟。《文資法》於二〇〇五與二〇一六年經歷大幅修改，目前沿用的為二〇一六年修訂的第三版。

瓦礫中重現新生：災後古蹟的修復維護

九二一地震後，臺中市古蹟修護最大規模者莫過霧峰林宅①。在震災中，頂厝的景薰樓、新厝、草厝及下厝的大花廳近乎全毀，如今已修復完成的頂厝蓉鏡齋、下厝宮保第當時也毀損百分之八十以上。霧峰林宅因震災倒毀，究竟要修復？或是解除古蹟指定？或是僅保存殘跡？引發各方爭議。直到二〇〇二年，內政部決定復建古蹟，其經費高達六億五千餘萬元，由「行政院九二一震災社區重建更新基金」支應。整修過程因涉及《文資法》相關規定程序、現有住戶私密性、所有權人意願，以及未來再利用開放參觀等之配套軟硬體設施工程，屢經變更設計，以致進度未能依原訂計畫完成。直至二〇一三年方作局部開放，使這座充滿歷史意義與建築之美的古蹟再度呈現民眾眼前。

古蹟樂成宮②在地震中三川殿與正殿中脊遭到破壞，修護過程並發現隱蔽性木構件遭腐蝕，經廟方、市府、專家學者與設計單位討論施工內容與方式，變更修護內容，並透過歷史考證回復原作風貌。修護完畢的樂成宮反而更貼近傳統的風貌，並結合旱溪媽祖繞境之傳統民俗，成為全臺重大的民俗節慶活動。

歷史建築臺中市役所③在九二一地震時承重牆龜裂，以及因年久失修造成木料腐朽，屋頂、平臺滲水的情況。地震後修復的計畫以恢復日治時期型貌為原則，透過各種補強工程、修補與仿作方式重現本建築原有之風采，其原設計之精美，與修復過程之細緻，均值得細細觀賞。

❹ 臺中州廳

與臺灣總督府（今總統府）同為森山松之助所設計。正面屋頂為法國馬薩式建築風格，門口設有「車寄」（車廳），為日治時期官署建築的特徵。如今臺中市政府都市發展局與環保局仍在此辦公。

❺ 臺中文學館 圖目錄M－8

原為1932年落成之警察宿舍，一度面臨拆除，2014年開始修復，2016年全面完工開放。如今全園區由六棟宿舍群組成，積極推廣在地文學，舉辦演講、創作坊、親子活動、互動體驗等。

❻ 林懋陽故居

1920年代建造。戰後一度興建眷村，主建物則配與高階將領家屬。2007年冠以眷村名「一德洋樓」登錄歷史建築，隔年眷戶開始搬離，2011年更名為林懋陽故居，今為藝文茶館、獨立書店、甜點與糕餅店。

臺中州廳❹是災後重建的建築中，最能彰顯「重生」意涵的古蹟。地震造成臺中州廳外牆龜裂與斜向裂痕，修復的過程中意外發現日治時期的平頂屋頂與銅鈑屋面，均加以按日治時期風貌修復，並將外牆恢復建築初始的洗石子與磚面牆，使得外觀更顯立體，具有古典元素的裝飾美感。

樂群街四十八號之警察宿舍屬於日治時期高等官使用宿舍，為獨棟獨院中央走廊格局，宿舍主體建築完整保存，格局完整。建築後方老榕樹樹型優美，林蔭清幽，經整修後改為臺中文學館❺，已成為市區內最具文藝氣息之所在。

北屯林懋陽故居❻原屋主林懋陽，為神岡摘星山莊主人林振芳之孫，與北屯賴家聯姻，本建築為西式磚造洋樓，興建於一九二〇年代。戰後產權移轉至聯勤總部，並將房舍配給眷戶，改稱一德新村。眷戶搬離後，房舍殘破不堪，二〇一三年，臺中市啟動歷史建築修復工程，並規劃委外經

營，二〇一七年六月對外開放。建築優美的洋樓外型，包含在地家族故事與臺灣眷村文化之歷史脈絡，更顯現其特殊的歷史意涵。

坎坷之路：文化、開發不能兼得？

文化資產雖具有高度的歷史文化價值，面對現實的利害關係時也最為脆弱。前述摘星山莊7雖然風格獨具，裝飾精美，轉賣之後卻一度面臨拆除命運，幸經有心人士奔波努力，及時指定為三級古蹟，方得保存下來。南屯瑞成堂位於重劃區內，雖已指定為市定古蹟，但因妨礙開發，門樓、內圍牆及第一進正身簷廊仍於二〇一一年遭人惡意破壞，雖於二〇一五年重建完成，卻為古蹟與歷史建築之保存蒙上一層陰影。

瑞成堂遭破壞不到兩年，大肚區穎德堂被列為暫定古蹟，卻於短短一週後被人搗毀。古蹟遭破壞已成事實，事後更未通過文化資產審議而遭拆除殆盡。更早之西屯區興慶堂已登錄為歷史建築，但仍難逃拆除命運。都市的發展與文化資產的保存之間不應是零和的拉鋸，透過文化資產塑造城市的獨特魅力，為城市走向全球化的開始。然而在文化資產保存的實務面，除了行政與法律上的作為外，如何提供業主實質上的誘因，如維修技術及經費的支援與補助，創造業主與社會雙贏的局面，則是政府與民間亟應思考面對的問題。

近年古蹟活化再利用的風氣振興，除了靜置參觀、展示之外，維持或變更原建築使用方式，同時開放參觀的模式，都促進古蹟的活化與重生。如前述林懋陽故居一德洋樓；開放藝文展示空間並設有餐廳的摘星山莊；委由古典玫瑰園經營，改為文創園區的臺中市役所；舉辦大量文學推廣教育活動，同時開設「櫟社文學主題餐廳」，結合文學名家與創意餐飲的臺中文學館，都成為熱門的假日景點。

歷經九二一震災破壞後，古蹟與歷史建築不僅透過修復重現原有風采，修復本身更成為一種新風貌與新生命的思考與探尋。重生、活化再利用的古蹟在今日不再只是靜態的歷史遺跡，反而以動態的形式，再度融入人們的生活中。

7 摘星山莊

圖目錄M－7

建於1871年，由傳說協助討伐太平天國的將軍林其中歸鄉養老所建。屬於兩進多護龍的傳統民居，第一進入口題區「文魁」，第二進則懸「進士」匾，雕飾繁複，彩繪精美。

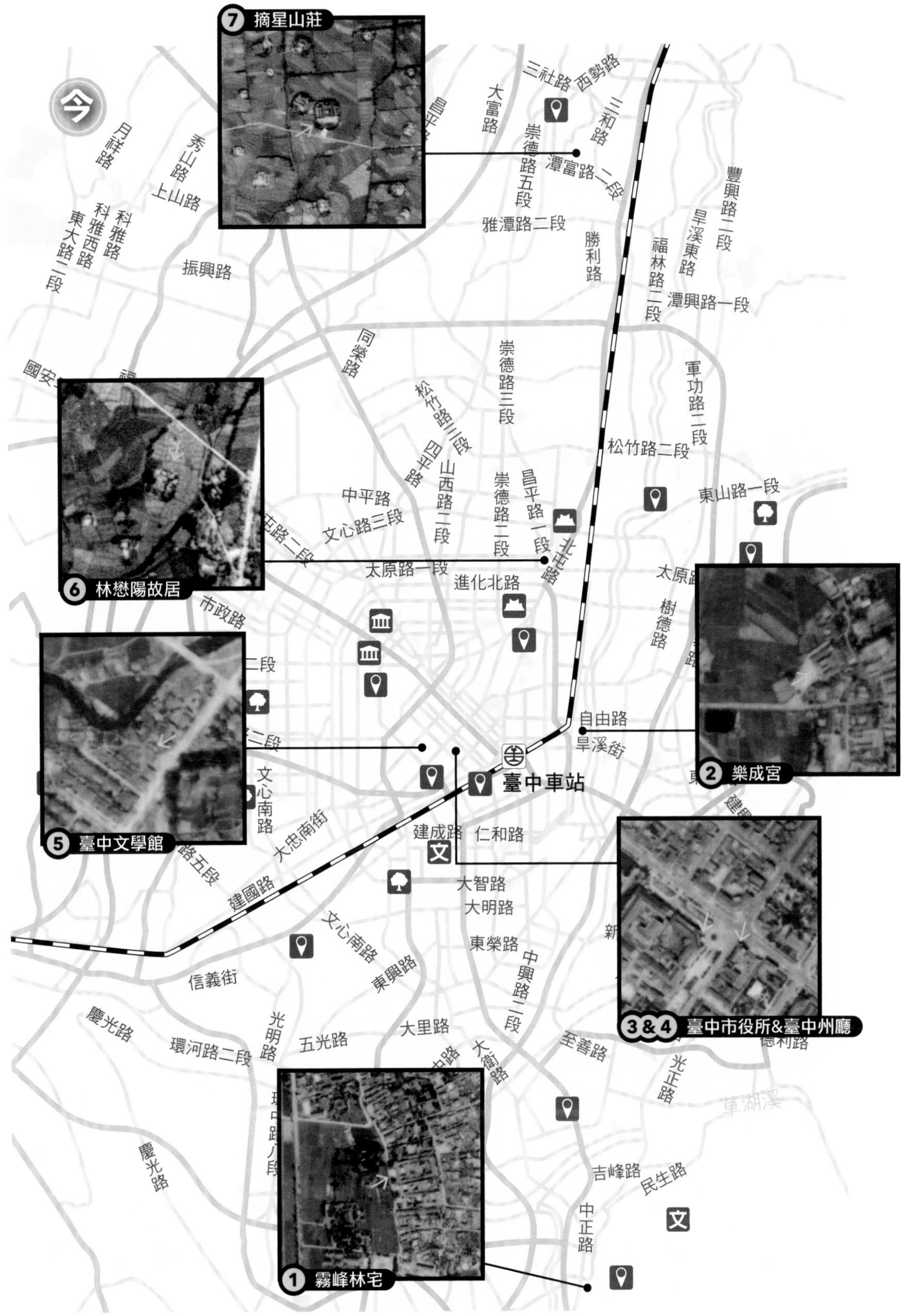
今
7 摘星山莊
6 林懋陽故居
5 臺中文學館
2 樂成宮
3&4 臺中市役所&臺中州廳
1 霧峰林宅
臺中車站
三社路
西勢路
大富路
三和路
昌平路
崇德路五段
潭富路一段
月祥路
秀山路
上山路
科雅路
科雅西路
東大路二段
雅潭路二段
勝利路
豐興路二段
旱溪東路
福林路二段
潭興路一段
振興路
同榮路
崇德路三段
國安
軍功路二段
松竹路三段
四平路
山西路二段
松竹路二段
中平路
文心路三段
崇德路二段
昌平路一段
北屯路
東山路一段
太原路一段
進化北路
太原
樹德路
市政路
自由路
旱溪街
文心南路
大忠南街
建成路
仁和路
路五段
建國路
大智路
大明路
文心南路
東榮路
中興路二段
東興路
信義街
慶光路
環河路二段
光明路
五光路
大里路
大衛路
至善路
德利路
光正路
草湖溪
慶光路
吉峰路
民生路
中正路

專訪

沒有一張地圖是完美的

《臺中歷史地圖散步》使用古今地圖與新舊照片對比，尋覓每一個景點的精彩故事。在此過程中，地圖扮演著重要的角色，引領著旅人的腳步。

因此，我們邀請到中央研究院人文社會科學研究中心地理資訊科學研究專題中心的廖泫銘研究副技師，來告訴我們這些地圖從何而來、如何運用，並發掘地圖背後更多的寶藏。

中央研究院人文社會科學研究中心
地理資訊科學研究專題中心

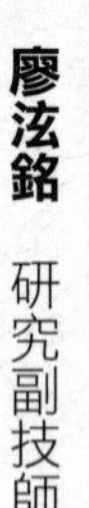

研究副技師

珍貴的古地圖資源，都是從哪裡來的呢？

中央研究院人社中心地理資訊科學研究專題中心蒐集、數位化典藏了四十多萬件地圖，大都是與政府機關合作取得。這些地圖原本是各機關業務上的需要而製作，例如內政部要做國土規劃、水利署要做河川治理，或是軍事單位需要測繪地形等等。我們典藏的地圖大多數是經過實地測量成果的測繪地圖，因此在地理位置及形狀上十分精確，便於各項應用。

原本這些地圖都是紙本，不易運用，但透過數位化跟地理資訊系統（GIS）技術，就可讓好幾百張地圖濃縮在一個網站上檢索使用。GIS專題中心的地圖資源除了臺灣之外，也有中國各大城市，甚至東亞的地圖。而臺灣百年歷史地圖網站不僅有全島尺度的地圖，也有小到可辨識一個社區的都市地形圖、地籍圖。在研究使用上有外擴性也有內聚性，可以深化到像是臺中港、臺中海線各鄉鎮這些區域，透過不同時代的地圖研究空間變化跟地理特殊性。

在製作臺灣百年歷史地圖時，選擇城市地點的原則是？

一般來說，我們有兩個原則。第一個原則是這個地點累積很多地圖圖資。像臺北是首都，城市變化很快，若地圖內容跟不上都市成長的速度時，就需要被更新。相對來講郊區、農村地區的地景紋理變化不大，很有可能百年前的地圖與現在幾乎一樣。變動快的地方，地圖就是紀錄歷史的關鍵，因爲很多東西在都市變遷中消失了，僅留在地圖上。

第二個原則是，配合研究、政府及民眾的需要。像之前高雄在做左營舊城的歷史現場再現研究計畫，要再現歷史就得先搞清楚以前的地貌和地理空間範圍等。而我們的地圖資料庫可以提供很大的幫助，於是就會優先將左營舊城地區的地圖圖資上線。

我們製作數位化地圖就是希望有人用，若是已經有一批人在發掘地方的故事，我們很樂意將資料調出來，跟故事對話。這是一個互動的過程，隨著需求者的反饋來導引地圖加值應用的優先序。後續臺灣百年歷史地圖網站，也希望從系統平台建置走向服務導向架構，同時與各地文化局或文獻單位合作整合與推廣。

目前臺灣百年歷史地圖網站上，臺中的地圖多集中在舊臺中市區，日後舊臺中縣的地圖也會放上去嗎？

發展城市的前提是製作高精緻、大比例尺的測繪地圖，用於都市計畫跟城市管理。舊臺中縣過去以農業爲主，除了大型水利工程與交通建設沿

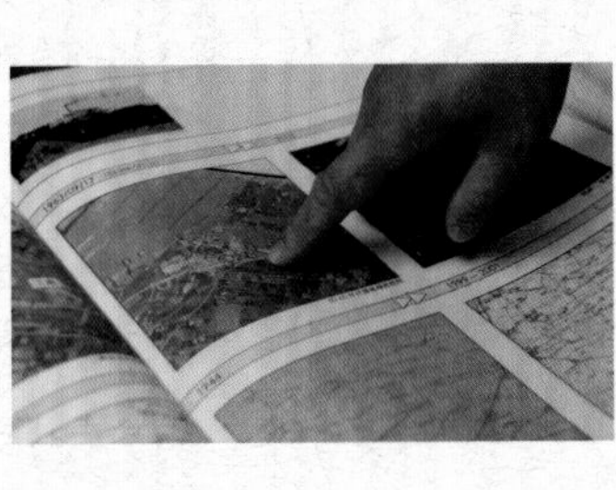

“沒有一張地圖是完美的，它只能提供那個尺度下的資訊給你。”

線之外，就不會有單位去測繪大比例尺地圖。舊臺中縣的都市計畫區比較局部分散，像豐原、東勢等地其實都有大比例尺的都市計畫圖資，只是目前尚未上線。而自一九六〇至一九七〇年代開始，政府政策從反攻大陸轉爲建設臺灣，臺中因戰略地位重要，當時中央政府及臺灣省政府在此推動許多軍事設施、機場、港口還有水庫等建設，這些地方都有做高精密度的地形測繪，但我們近兩、三年才從經濟部水利署、內政部營建署透過學術合作取得這些資料。也許這本《臺中歷史地圖散步》可以作爲首部曲，之後再繼續發展，將歷史故事跟實際地景結合，會越來越吸引人！

若想要考據史料中舊商家的位置該怎麼做？是否有更大比例尺的地圖能定位到這麼精細？

那就用地籍圖吧！在研究日本時期臺灣歷史的過程中，若想知道現在路邊某棟文化資產建築物，以前是做什麼？或是想知道書上說的店，現在到底位於哪條路上？可透過更大比例尺的地籍圖、職業別明細圖、商工人名錄，交叉比對出日本時代的街道商家位置。這是因爲臺灣的地籍制度從日本時代奠基到現在，除了地籍重測、重劃區外，幾乎都可追溯上百年的土地演變過程，早期每個街庄名稱都與地籍地段相對應，都有精確範圍與區域，在地籍圖上的界線一清二楚，沒有模糊地帶，但目前國內對於運用地籍圖當作研究史料仍不普遍。

在日本，他們研究一個城市，只要是大尺度的街道或建築物，第一件事就是要看舊地籍圖，但早期申請制度與紙質媒體，即使是地理學者或建築學者，看待地籍資料大多是作爲土地管理資訊。雖然在學界經常運用臺灣堡圖，但堡圖是屬於中小比例尺地圖，不可能用臺灣堡圖來研究單體歷史建築類文化資產。當運用GIS來操作地籍圖與地形圖的技術能夠成爲研究臺灣史、文化工作者的普遍概念後，才能夠見樹又見林。透過數位化的地圖，運用好的方法跟工具，舊時資訊就能順利地被發現，進而轉換成知識，推廣給更多人知道。

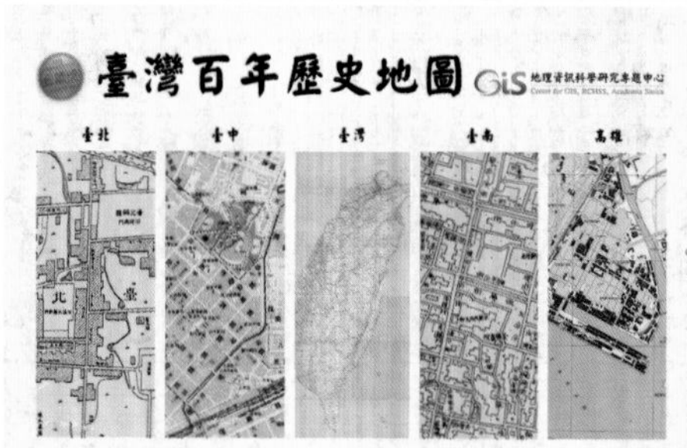

臺灣百年歷史地圖：
http://gissrv4.sinica.edu.tw/gis/twhgis/

找一找！

用地籍圖跟番號鎖定舊商家位置！

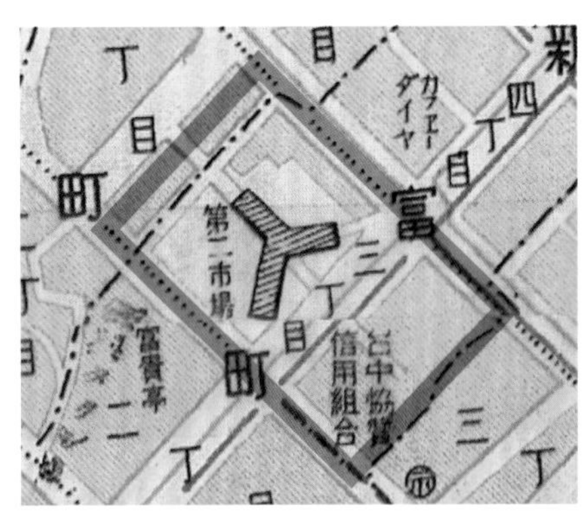

左圖為1937年新富町三丁目範圍，右圖為現代地籍圖中墩段三小段的範圍。

一九二七年臺灣民眾黨在聚英樓舉辦成立大會，我們從《臺中市商工人名錄》上得知，聚英樓的地址為新富町三ノ八號，即三丁目八番地，透過臺灣百年歷史地圖網站觀看一九三七年臺中市地圖，即可得知新富町三丁目涵蓋了第二市場及其對面的住家。文獻中也大都說聚英樓在第二市場附近，但「附近」一詞太模糊，仍無法鎖定八番地確切位置。再比對現代地籍圖，新富町三丁目的範圍大約等於今日的中墩段三小段，界線其實沒有變化太多，而番號也跟現在的地號相去不遠，透過日治時期的地籍圖，可發現原來的八番地已被分割成許多更小塊的地號，但根據八開頭的地號，還是可以統整出一個當年八番地的範圍，聚英樓的位置就浮出檯面了！

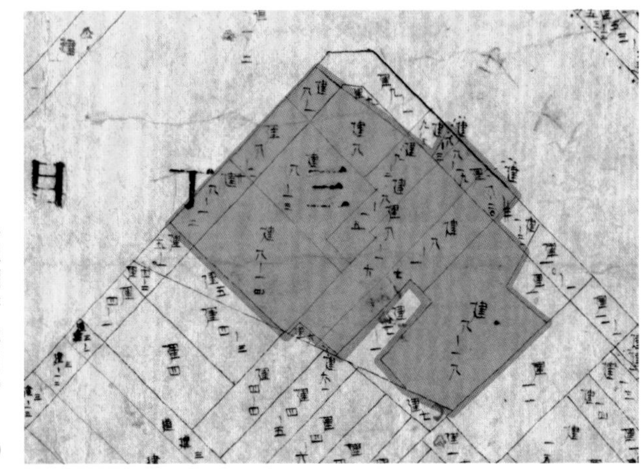

日治時期的新富町三丁目地籍圖範圍，但內容資訊持續更新到近代，可看到地號新增的痕跡。對照此地籍圖，即可知道八開頭的地號，約略是當年八番地所在地。

圖目錄A

圖目錄

I 國立清華大學圖書館－葉榮鐘典藏

J 林之助膠彩藝術基金會

K 中央社

L 臺灣日日新報

L－1 大正13年［1924］《臺灣日日新報》十一月六日第五版

L－2 昭和2年［1927］《臺灣日日新報》五月十二日夕刊第二版

L－3 昭和2年［1927］《臺灣日日新報》五月廿一日第七版

L－4 昭和2年［1927］《臺灣日日新報》六月十四日第五版

M 個人授權

M－1 黃震南先生提供

M－2 余如季作品，余立先生提供

M－3 林權助作品，林全秀先生提供

M－4 鐘金水先生提供

M－5 王文芳先生提供

M－6 李品寬攝影

M－7 戴正彥攝影

M－8 呂明蓁攝影

M－9 邱伯瑞攝影

M－10 洪嘉豪攝影

M－11 陳凱劭攝影

N 其他

N－1 taipics.com

N－2 Wikipedia

N－3 Yoshikazu TAKADA. https://www.flickr.com/photos/yoshikazut/5475564449

N－4 Taipei Air Station. http://taipeiairstation.blogspot.tw

N－5 East Asia Image Collection. Easton, PA: Lafayette College.

N－6 臺中神社編（昭和16年［1941］）《造營竣功記念寫眞帳》

參考書目、網站

Koeppel, Dan（2008）. Banana: The Fate of the Fruit That Changed the World. New York: Plume.

氏平要（1934）。臺中市史。臺中市：臺灣新聞社。

王仲孚總編纂（2005）。梧棲鎮志。臺中縣：梧棲鎮公所。

王梅香（2008年10月）。美軍來臺「休息復原計畫」（R&R）所展現的陽剛氣概——以臺中地區五權路酒吧街為觀察對象。第三屆性別研究碩博士生論文研討會。臺灣女性學學會。

朱珮琪（2005）。臺籍菁英的搖籃：臺中一中。臺北縣：向日葵文化。

巫永福（2003）。我的風霜歲月：巫永福回憶錄。臺北市：望春風文化事業股份有限公司。

李毓嵐（2012）。林獻堂與婦女教育－以霧峰一新會為例。臺灣學研究，第13期：93－126。

周婉窈（2006）。「進步由教育幸福公家造」——林獻堂與霧峰一新會。臺灣風物，第56卷第4期：39－89。

孟祥瀚（2006）。清代藍張興庄與臺中盆地的拓墾。興大歷史學報，第17期：395－430。

東方白（2005）。浪淘沙。臺北市：前衛出版社。

林佳儀（2008）。日治時期臺中地區輕便軌道與產業鐵路之研究。國立彰化師範大學歷史學研究所碩士論文。

林宜君計畫主持（2015）。臺中公園臺中神社遺構歷史調查及修復再利用計畫案。臺中市：臺中市文化資產處。

林振莖（2014）。探索與發掘：微觀臺灣美術史。臺北市：博揚出版社。

洪敏麟（1977）。從東大墩到臺中市的都市發展過程。臺灣文獻，第26卷第2期：116－139。

孫鼎之（2014）。美國糧援對臺灣飲食文化之影響（1955－1965）。中興史學，第16期：152－173。

徐慧民、邱上嘉、張嘉祥編（2008）。九二一地震歷史建築修復成果專輯。臺中市：文化部文化資產局。

張炎憲、陳傳興主編（2003）。清水六然居－楊肇嘉留真集。臺北市：吳三連臺灣史料基金會。

張家綸（2016）。間作技術的灰色地帶：日治時期臺灣的樟樹造林事業與蕉農抗爭。臺灣風物，第66卷第2期：17－52。

陳玉箴（2013）。政權轉移下的消費空間轉型：戰後初期的公共食堂與酒家（1945－1962）。國立政治大學歷史學報，第39期：183－229。

陳延湲編（2012）。看不見的殖民邊緣：日治臺灣邊緣史讀本。臺北：玉山社。

陳慈玉（1991）。臺灣香蕉的產銷結構（1912－1971）。中華民國建國八十年學術討論集第四集：464－487。臺北市：近代中國出版社。

陳靜寬（2012）。從省城到臺中市：一個城市的興起與發展（1895－1945）。臺南市：國立臺灣歷史博物館。

游鑑明訪問、吳美慧等紀錄（1994）。走過兩個時代的臺灣職業婦女訪問記錄。臺北市：中央研究院近代史研究所。

董倫岳（1999）。咱懷念梧棲街：新高港老相片專輯。臺中縣：梧棲鎮公所。

廖怡錚（2012）。女給時代：1930年代臺灣的珈琲店文化。臺北市：東村出版社。

廖振富（2016）。追尋時代：領航者林獻堂。臺中市：臺中市文化局。

廖振富、楊翠（2015）。臺中文學史。臺中市：臺中市文化局。

劉志偉（2012）。美援年代的鳥事並不如煙。臺北市：啟動文化出版社。

劉益昌（1999）。存在的未知：臺中地區的考古遺址與史前文化。臺中縣：臺中縣立文化中心。

蔡錦堂（2006）。戰爭體制下的臺灣。臺北市：日創社。

賴志彰編（1989）。臺灣霧峰林家留真集：近、現代史上的活動（1897－1947）。臺北市：自立報系文化出版部。

戴月芳（2014）。臺灣的姊姊妹妹：臺灣婦女運動進行式。臺北市：五南圖書出版股份有限公司。

中央研究院人社中心GIS專題中心暨國立清華大學臺灣文學研究所石婉舜研究室（2017）。「臺灣老戲院文史地圖（1895－1945）」。網址：http://map.net.tw/theater/，（2017年12月16日）。

國家圖書館出版品預行編目資料

臺中歷史地圖散步 /賴萱珮主編. -- 初版. -- 臺北市 : 中研院數位文化中心出版 : 臺灣東販發行, 2017.12
152面 ; 18.2×25.7公分
ISBN 978-986-05-4627-9(平裝)

1.旅遊 2.歷史地圖 3.臺中市

733.9/115.6　　106023269

臺中歷史地圖散步

2017年12月29日初版第一刷發行
2019年 9 月 1 日初版第四刷發行

製作／出版　中央研究院數位文化中心
召集人　林富士

企劃　黃冠華
主編　賴萱珮
編輯　任容、李佳卉、林宜柔、侯名晏、温淳雅、賴國峰、譚順心（按筆畫順序）
特約編輯　張曉彤
特約撰稿　王梅香、石婉舜、李毓嵐、孟祥瀚、林振莖、馬翊航、張文昌、張家綸、郭怡棻、陳力航、陳煒翰、陳靜寬、黃震南、蕭琮容、蘇睿弼（按筆畫順序）
美術編輯　鄭佳容
現代地圖繪製　涂巧琳、蔣文欣
地圖圖資　中央研究院人文社會科學研究中心－地理資訊科學研究專題中心
製作協力　臺中市政府文化局、國立中興大學人文與社會科學研究中心
顧問　王麗蕉、廖泫銘

地址　11529臺北市南港區研究院路二段128號
電話　（02）2652-1885
傳真　（02）2652-1882
網址　http://ascdc.sinica.edu.tw

發行　臺灣東販股份有限公司
發行人　南部裕
編輯　王靖婷、楊瑞琳
地址　台北市南京東路4段130號2樓之1
電話　(02)2577-8878
傳真　(02)2577-8896
網址　http://www.tohan.com.tw
郵撥帳號　1405049-4
法律顧問　蕭雄淋 律師
總經銷　聯合發行股份有限公司
電話　（02）2917-8022
ISBN　978-986-05-4627-9